원자력 이야기

차례
Contents

신화와 과학 그리고 원자력

인간 문명의 발달사를 살펴보면, 현재 모든 기술의 근간을 이루는 수학과 과학의 발전은 인간이 우주를 관찰하면서부터 시작됐다고 해도 과언이 아니다. 별들의 움직임을 정확하게 관측하기 위해 높은 탑을 쌓는 건축기술이 발전했으며, 정확한 달력과 천체 움직임을 예측하기 위해 고대 수학이 시작됐다. 또한 코페르니쿠스, 갈릴레오, 케플러, 뉴턴이 이룬 업적이나 종교와 과학의 대립도 사실 우주에 대한 물리 법칙을 발견하는 과정에서 벌어진 일이다. 근대로 와서는 아인슈타인의 일반 상대성이론도 우주에서 일어나는 현상의 관측을 통해서 비로소 증명됐다.

넓고 광활한 우주에서 우리 주위를 둘러싼 태양계를 살펴 보자. 태양에 가까운 순으로 수성, 금성, 지구, 화성, 목성, 토성, 천왕성, 해왕성, 명왕성[1]이라고 행성들을 이름지었다는 것은 모두 잘 알고 있다. 여기서 주목할 만한 사실은, 지구를 제외한 첫 다섯 개 행성의 이름이 동양철학의 근간을 이루는 음양오행에 의해 정해졌다는 점이다. 그런데 음양오행으로 행성 이름을 정하다가 갑자기 토성 이후에는 천왕, 해왕, 명왕 등의 동양사상에서 찾아보기 힘든 이름들로 정해져 있다. 그 이유는 무엇일까?

천왕, 해왕, 명왕은 서양에서 정한 행성 이름을 그대로 번역한 것이다. 천왕성은 우라노스, 해왕성은 넵튠, 명왕성은 플

태양계 행성과 명칭

루토다. 그리스로마 신화에서 우라노스는 하늘의 신이다. 넵튠(그리스어로는 포세이돈)은 그리스로마 신화의 주신인 주피터(그리스어로는 제우스)의 형제로 바다의 신이다. 플루토(그리스어로는 하데스) 또한 주피터와 형제 신으로 저승을 관장하는 신이다. 이과 같이 서양의 행성 이름을 살펴보면 모두 그리스로마 신화에 나오는 신들의 이름이다.

태양에서 가장 가까운 수성은 전령의 신 머큐리(그리스어로는 헤르메스)며, 금성은 미의 여신 비너스(그리스어로는 아프로디테)다. 화성은 전쟁의 신 마르스(그리스어로는 아레스)며, 다음은 주신 주피터다. 각각의 이름은 사실 과거에 행성이 밤하늘에서 관측된 특성을 잘 나타낸다. 머큐리는 태양계에서 공전주기가 가장 빠른 행성이기 때문에, 태양 주위를 빨리 회전하는 모습이 마치 바삐 뛰어다니는 전령의 신과 비슷하다고 해 붙인 이름이다. 비너스는 '샛별'이라는 이름에서 알 수 있듯이 새벽이나 이른 저녁에만 관측되어 아름답게 빛나는 행성이기 때문에 붙인 이름이다. 마르스는 행성 표면이 붉게 보이는 것이 전쟁을 연상케 해 붙인 이름이며, 주피터는 태양계에서 가장 큰 행성이기 때문에 붙인 이름이다.

재미있는 사실은 주피터보다 밖에서 공전하고 있는 토성의 이름이 새턴이라는 점이다. 새턴의 그리스식 이름은 크로노스로 제우스의 아버지다. 새턴은 자신의 자식에게 죽임을 당할 것이라는 예언 때문에 자식을 잡아먹은 신으로 유명하다. 잔인한 아버지의 손길을 피해서 도망친 주피터와 그의 형제인 플루토와 넵튠은 결국 예언대로 새턴을 제거한다. 즉, 목성인 주피터 밖에서 공전하는 토성의 이름을 주피터의 아버지 이름으로 사용했다.

그렇다면 토성보다 더 외곽에서 공전하는 천왕성은 왜 우라노스라는 이름이 붙여졌을까?

우라노스는 하늘의 왕이면서 동시에 땅의 여신인 가이아 사이에서 크로노스를 얻게 된다(특이하게 천왕성만 우라노스라는 그리스식 이름을 그대로 차용했다). 즉, 우라노스는 새턴의 아버지며 동시에 주피터의 할아버지뻘이 된다. 따라서 토성보다 더 외곽에서 공전하고 있기 때문에 천왕성을 새턴의 아버지인 우라노스로 정했다. 하지만 그 뒤에 발견한 넵튠은 우라노스보다 외곽에서 공전하지만 우라노스의 아버지에 해당하는 신이 더 이상 없고 행성이 푸른색으로 관측되기 때문에 바다의 신 이름을 얻었다. 태양계 최외곽에서 공전하고 있는 플루토는 태양에서 가장 먼 행성이기 때문에 춥고 어두운 행성이라 마치 지옥을 연상시켜서 지옥 또는 죽음의 신 이름을 얻었다.

우라노스, 넵튠, 플루토의 순서는 다른 분야의 서양 과학에도 큰 영향을 미쳤는데, 뜻밖에도 고등학교 화학 시간에 배우는 원소 주기율표에도 영향을 미친다. 원소 주기율표에서

92번째 원소의 이름은 우라늄이다. 그리고 93번과 94번은 각각 넵투늄과 플루토늄이다. 이 책에서 다룰 가장 중요한 원소 중 두 가지인 우라늄과 플루토늄이 사실은 그리스로마 신화에서 유래한 이름이다.

우라늄은 1700년대 말에 처음으로 발견됐으며, 지금까지 지구에서 자연적으로 발견된 원소 중 가장 무거운 원소다. 우라늄이라는 명칭을 붙인 것은 우라늄이 발견되기 수년 전에 과학계에서 우라노스가 발견되어 명명했으며, 그것을 기념하고자 새롭게 발견한 원소의 이름을 우라늄이라고 했다. 그 뒤의 넵투늄과 플루토늄은 사실 오로지 인공적인 핵반응을

원소주기율표

통해서만 만들어 낼 수 있는 원소며, 우라노스, 넵튠, 플루토의 행성 명칭을 그대로 이어받아 우라늄보다 무겁기 때문에 넵튜니움과 플루토늄으로 각각 명명했다.

그리스로마 신화에서 가장 연배가 높은 우라노스의 이름을 물려받은 원소 우라늄은 원자력 에너지의 핵심 자원으로, 전 세계 400여 개의 원자력발전소에서 석탄, 석유, 천연가스 같은 화석에너지를 제외한 가장 많은 에너지를 인류에게 제공하고 있다.

우라늄은 언제, 어떻게 에너지 자원으로 각광을 받았으며, 어떻게 수십만 명을 죽일 수도 있는 무기의 재료도 됐다가 그보다 몇 백배의 사람들에게 전기를 제공하는 유용한 자원이 될 수 있었을까? 이 책은 이런 궁금증에 대해서 간단한 답을 하고자 함과 동시에, 가장 무거운 원소인 우라늄과 가장 가벼운 원소인 수소를 통해서 어떤 방식으로 원자력 에너지를 얻을 수 있는 지에 대한 이야기기도 하다.

현대 물리와 핵에너지

현재 우리나라 대학교 체계를 보면 이공계는 대부분 자연대학과 공과대학으로 나눈다.

자연대학은 과학을 공부하는 곳이다. 과학이란 'Science'로 어떤 현상에 대해 이해하는 부분에 더 중점을 두고 있다. 즉, 물리학, 화학, 생물학, 수학 같은 순수학문으로, 현상을 이해하고 논리적 체계를 구성하는 데 초점이 맞추어져 있다. 반면에 공학은 'Engineering'으로, 인간에게 이로운 인공물을 설계, 제작, 운영하는 것에 관심을 가진 학문이다. 이공계라는 하나의 틀에 과학과 공학이 같이 존재하지만 그 출발점은 다르다.

과학의 출발점은 철학이었다. 일례로 그리스 시대의 유명

뉴턴

한 철학자들은 대부분 수학과 물리학의 시작점이 됐다. 심지어 뉴턴이 살던 시대조차 뉴턴은 자신을 '자연철학자(Natural Philosopher)'라고 했으며, '과학자(Scientist)'라고 지칭하지는 않았다.

반면, 공학의 출발은 건축, 토목 등과 같이 실질적인 현장에서 사용되던 지식에서 출발했다. 공학은 초기 인류 문명인 이집트의 피라미드나 로마의 콜로세움과 같은 유명한 건축물이나 관계시설, 도로 등을 건설하는 데에서부터 출발한다. 현대에 와서 공학은 군사기술 발전에 특히 많은 영향을 끼쳤다. 군사기술에 적용되는 공학기술과 차별된 민간공학(Civil Engineering)은 우리말로 하면 '토목공학'이다.

매사추세츠 공과대학(MIT)은 군사기술이 아닌 민간기술을 최우선으로 하는 이념으로 설립됐다. 그렇기 때문에 학과번호 상으로 첫 번째에 해당하는 학과가 바로 토목공학과였다. 이는 모든 공학의 시작이 여기에서 출발했음을 상징하기도 한다. 즉, 공학은 그리스로마 시대 이전부터 시작한 도로 건설, 관개시설, 대형신전 건축 같은 대규모 토목공사에서부터 발달해 온 것이다.

이와 같이 과학과 공학은 출발점이 달랐고 발달의 역사도 달랐지만, 14세기에 르네상스 시대가 시작되고 과학과 공학은 서로의 접점을 찾기 시작했다. 특히 우리가 지금 알고 있는 유명한 고전과학 이론들은 실험적 관찰과 공학이 적용되는

로마 시대 관개시설(출처: 위키피디아)

현장에서 벌어진 현상을 이해하면서 급진적으로 발달하기 시작했다.

재미있는 사례로 산업혁명의 시작에 결정적으로 기여한 증기기관의 발명에서 20세기 이전의 과학과 공학의 관계를 엿볼 수 있다. 18세기에 발명된 증기기관이 이미 열에너지를 역학적 에너지로 전환하고 있었음에도 불구하고, 과학자들 사이에서는 열에너지와 역학적 에너지가 서로 같다는 공감대가 형성되지 않았다. 심지어 모든 과학 분야의 근간이 되는 열역학에 대한 체계도 형성되지 않았다. 열에너지와 전기에너지, 운동에너지 등 다양한 형태의 에너지가 서로 변하면서 보존된다는 법칙은 19세기 중엽에야 비로소 정립됐으니, 실제 적용이 이루어진 시점에 비해서 1세기가량이나 늦었다. 즉, 과학적 사고체계가 확립돼 왜 그런지에 대해 이해하기도 전에 이미 증기기관이 운용되어 세상을 바꾸고 있었다.

이러한 사례는 사실 전기·전자공학에서도 찾아볼 수 있다. 정전기 관련 현상과 이를 이용하려는 기기를 만들면서 전자기학에 대한 이론이 정립됐으며, 이러한 이론을 정립하는 과정에서 개발된 이론들이 과학계에 지대한 영향을 미쳤다. 즉, 역사에서 과학이 주도하는 새로운 발명품의 개발은 비교적 최근인 20세기 중반에 와서 벌어진 현상으로, 그전까지는 대부분 과학적 이론이 없어도 수많은 발명품과 인간 생활에 유익한 인공물들이 공학에서 만들어지고 있었다. 이처럼 기존의 과학과 공학이 가지고 있던 고유영역이 서로 융합하고, 과학의 이론이 공학을 이끌게 된 가장 유명한 시발점 중 하나가 바로 원자력 공학이다.

원자력 공학은 현대 물리의 태동과 함께했다. 현대 물리는 독일의 막스 플랑크로부터 시작한다. 그 이유 중 하나는 막스 플랑크가 최초로 양자가설을 제시했기 때문이다. 양자가설은 물리량들이 대부분 연속적이라는 뉴턴의 고전 역학적 사고 체계에서 벗어나, 특정 현상을 기술할 때 특정 물리량은 단속적으로 한정된 양을 가진다고 생각하는 사고체계다. 예를 들어서 자동차의 가속 페달을 밟아 속도가 0km/h에서 100km/h로 증가할 때, 속도는 연속적으로 증가하기 때문에 꼭 50km/h를 지나게 되며 감속할 때도 이와 같다. 하지만 양자가설이 적용되는 물리적 현상에는 에너지가 단속적으로만 바뀌기 때문에 0km/h에서 100km/h로 증가할 때 속도가 반드시 50km/h를 지나지는 않는다. 이는 20세기 전까지의 과학적 사고체계를 단번에 뒤흔드는 생각이었으며, 이 가설에서부터 양자역학이 출발했고, 물질을 구성하는 기본 단위인 원자에 대한 이해가 가능해졌다.

사물의 기본 구성단위를 원자로 보는 원자가설 자체는 그리스 시대에서부터 시작됐다. 그러나 본격적으로 원자의 구조와 원자 자체에 대한 이론이 성립할 수 있었던 것은 19세기

말에서부터 20세기 중반까지 급격하게 발달한 현대 물리학에 의해서다. 특히 막스 플랑크가 양자가설을 제시하고 이를 아인슈타인이 이용해 '특정 주파수의 빛이 전류를 생산할 수 있는 현상'인 광전효과를 설명했다. 따라서 양자가설은 널리 사용되기 시작했고 양자역학의 태동을 알리게 된다.

막스 플랑크와 아인슈타인은 모두 베를린 기술대학(Technical University of Berlin)의 교수로 재직했으며, 전기회로 이론에 빼놓을 수 없는 키르히호프나 다양한 물리 영역에 많은 자취를 남긴 헬름홀츠 등도 이 대학 출신 교수다. 베를린 기술대학에서는 당대의 유명한 과학자들도 많이 배출됐는데, 주파수의 단위로 알고 있지만 실제로는 유명한 과학자였던 헤르츠, 불확정성의 원리로 유명한 하이젠베르크, 양자역학의 파동방정식을 만든 슈뢰딩거는 모두 같은 학교 출신이다.

독일에서 이론물리학이 발달하고 있던 시점에, 영국에서는 케임브리지 대학의 캐번디시 연구소를 중심으로 물질을 이루는 구성요소들을 실험적으로 검증하고 있었다. 조셉 톰슨이 전자를 발견한 것을 필두로, 뉴질랜드 출신이면서 톰슨 교수의 제자인 어니스트 러더퍼드는 알파, 베타, 감마 방사선과 더불어 원자핵을 이루는 가장 중요한 입자 중 하나인 양성자도 발견하게 된다. 또한 러더퍼드 교수의 제자인 제임스 채드윅이 중성자를 발견함으로 원자핵을 구성하는 기본 입자가 양

왼쪽부터 막스 플랑크, 아인슈타인, 하이젠베르크(출처: 위키피디아)

성자와 중성자임을 알게 된다. 원자를 구성하는 중요한 입자들인 전자, 양성자, 중성자는 모두 영국에서 발견된 셈이고, 세 사람은 그 공로로 모두 노벨상을 각각 받게 된다.

원자 구조에 대한 이론은 덴마크 출신 과학자 닐스 보어가 러더퍼드 교수 밑에서 박사후 과정 동안에 양자가설을 차용해 원자핵 사이의 관계를 설명하면서 활발하게 연구됐다. 즉, 막스 플랑크의 양자가설은 아인슈타인에 의해서 빛을 이루는 입자인 광자에 적용됐다가, 닐스 보어가 원자를 구성하는 전자에 적용함으로써 가설이 적용될 수 있는 영역을 넓히기 시작했다. 그리고 현대 물리의 가장 중요한 핵심인 양자역학의 태동이 시작됐다.

특히 원자의 구조를 이해하자 과학자들은 다양한 핵반응을 발견하게 된다. 이들 중 엔리코 페르미는 중성자로 핵반응을 일으켜 하나의 원소를 다른 원소로 변환하는 방법을 발견

15

왼쪽 위부터 시계 방향으로 톰슨, 러더퍼드, 채드윅, 보어(출처: 위키피디아)

했다. 또한 리제 마이트너와 오토 한이 주축이 된 독일 과학자들은 중성자를 이용해 '우라늄과 같은 원소에서는 핵분열반응이 있다'는 사실을 발견했다. 이러한 발견은 모두 노벨상으로 이어졌으며, 중세 이전 시대부터 꿈꾸던 연금술이 현실화되는 듯했다.

또한 과학자들은 아인슈타인의 상대성 이론에서 유도된 질량과 에너지의 등가 법칙($E=mc2$)을 이용해 다양한 핵반응에서 방출되는 어마어마한 에너지를 설명했다. 이로써 하나의 핵반응에서 방출되는 방대한 양의 에너지를 인류가 활용할 수 있게 된다면 어떤 일이 벌어질지 과학자들뿐만 아니라 일반인들도 상상하기 시작했다.

맨해튼 프로젝트

공상과학 소설의 아버지로 불리는 허버트 조지 웰스가 원자력 공학 태동에 기여했다는 것은 일반인에게 잘 알려지지 않은 사실이다. 웰스하면 공상과학 소설을 사랑하는 사람들에게는 『타임머신』이나 『투명인간』 등의 명작이 떠오를 것이다. 그러나 웰스의 작품 중 하나인 『The World Set Free』는 최초의 원자로와 원자폭탄을 만드는 데 많은 기여를 했다. 이 소설은 핵에너지를 활용하는 폭탄에 의해서 세계 정치가 어떻게 바뀌는가에 대해 상상한 소설이다. 이 소설은 레오 질라드라는 천재 과학자이자 공학자에게 연쇄반응을 통해서 핵에너지를 대량으로 방출하는 방법에 대한 영감을 주게 된다.

1933년, 러더퍼드는 「타임」지에 연설문을 실었는데, 그는 연설문에서 "핵반응만으로는 절대로 핵에너지를 유용한 에너지로 전환해 인류에게 도움이 되는 방향으로 사용하기 힘들다"라고 했다. 이 글을 읽은 레오 질라드는 러더퍼드의 단정적인 결론에 대해서 끊임없이 의구심을 가졌으며, 마침내 그렇지 않을 수도 있음을 깨닫게 된다. 그것이 바로 핵연쇄반응에 대한 아이디어다.

당시에 막 존재가 알려지기 시작한 중성자는 원자핵이 가진 전자기적 반발력을 무시하고 핵반응을 일으킬 수 있는 유일한 입자였다. 이 사실을 알고 있던 레오 질라드는 만약 하나의 중성자를 핵반응으로 소모하더라도 이어지는 핵반응에서 계속 중성자가 재생산된다면 연쇄적인 핵반응을 통해서 핵에너지가 대량으로 방출될 수 있으며, 이를 통해서 핵에너지를 유용한 에너지로 전환할 수 있을 것으로 생각했다. 처음 사용된 중성자보다 더 많은 중성자가 지속적으로 나오기 위해서는 핵분열반응을 발견해야 했으나, 레오 질라드는 핵분열반응이 채 발견되기도 전에 이미 이런 아이디어만으로 영국에서 특허를 출원한다. 재미있는 사실은 당대의 가장 유명한 과학자였던 러더퍼드의 단언에 불구하고 레오 질라드는 웰스의 공상과학 소설에서 생각하는 미래에 더 끌렸고, 마침내 러더퍼드의 결론을 극복할 방법을 생각했다는 점이다.

레오 질라드는 아인슈타인의 제자 중 한 명이었으며, 아인슈타인이 그의 박사학위 논문을 매우 높게 살 정도로 뛰어난 과학자였다. 핵연쇄반응에 대한 아이디어를 얻은 레오 질라드는 유대인인 자신을 박해하는 나치를 피해서 미국으로 건너간다. 그는 독일이 핵연쇄반응으로 새로운 무기를 먼저 개발할 수 있다는 두려움에 전전긍긍했다. 그리고 그 일을 막기 위해 미국 대통령인 루스벨트에게 편지를 쓰기로 결심한다. 하지만 당시에 그는 명성이 높지 않았기 때문에 자신의 스승이자 같은 이유로 미국에 온 아인슈타인을 설득해 편지에 서명을 받았다. 이 편지는 루스벨트 대통령에게 영향을 주었고, 마침내 미국이 '맨해튼 프로젝트'를 시작하는 단초가 됐다. 레오 질라드는 미국으로 도피한 엔리코 페르미와 함께 시카고 대학교 지하에서 최초의 원자로를 만드는 작업에 착수했다. 이때 만든 원자로가 바로 'Chicago Pile-1'이다.

레오 질라드와 엔리코 페르미는 이 원자로에서 핵연쇄반응이 가능하다는 것을 증명했다. 뒤에서 자세히 다루겠지만, 핵분열반응으로 우라늄(그중 우라늄-235라는 특정 동위원소)에서 막대한 양의 에너지를 방출하게 하는 방식이 가장 널리 사용되고 있다. 이러한 핵분열반응을 일으키려면 연료인 우라늄이 잘 탈 수 있게 도와주는 매개체인 중성자가 필요한데, 이는 불을 만들 때 산소가 필요한 것과 비슷한 이치다. 다만 산소는

왼쪽 위부터 시계방향으로 레오 질라드, 엔리코 페르미,
최초의 원자로인 Chicago Pile-1(출처: 위키피디아)

공기 중에 존재하기 때문에 자연스럽게 공급할 수 있지만, 중성자는 인공적으로 만들어야 하는 것이 문제였다. 원자력 에너지를 지속적으로 얻으려면 연료인 우라늄뿐만 아니라 중성자가 함께 필요했는데, 레오 질라드와 엔리코 페르미가 원자로에서 특수한 상황을 만들면 중성자가 지속적으로 생산되어 연료인 우라늄을 잘 태울 수 있다는 것을 증명한 것이다.

원자폭탄을 만들기 위한 기초 데이터가 모두 확보되자, 독일 나치즘에 반대하는 전 세계의 과학자들이 모여 원자폭탄 개발 작업에 들어갔다. 이 맨해튼 프로젝트에 참여한 과학자들은 '미국의 프로메테우스'로 최근에 재조명을 받은 로버트 오펜하이머, 최초로 사이클로트론을 개발해 노벨상을 받은 어니스트 로렌스, 대중에게도 잘 알려진 리처드 파인만 등과 같은 사람들이었다.

맨해튼 프로젝트는 1942년부터 1946년까지 진행된 원자폭탄 개발 프로젝트로, 프로젝트를 시작할 당시에는 미국 돈으로 1억 달러 정도가 소요될 것으로 예상했으나 실제로는 20억 달러가 소요된 프로젝트였다. 지금의 가치로 환산하면 약 200억 달러(20조 원)인 어마어마한 국가 예산이 투입된 프로젝트였던 것이다.

맨해튼 프로젝트를 진행하면서 미국 내 중요한 국립연구소들이 대부분 생겼는데, 로스알라모스 국립연구소와 오크릿

왼쪽 위부터 시계방향으로 로버트 오펜하이머, 어니스트 로렌스, 리처드 파인만
(출처: 위키피디아)

지 국립연구소가 특히 중요한 역할을 수행했다. 그중 로스알라모스 국립연구소의 초대 소장이 바로 로버트 오펜하이머이며, 리차드 파인만을 비롯한 대부분의 이론 물리학자들이 여기에서 연구를 진행했다. 오크릿지 국립연구소는 주로 핵폭탄을 만들 때 필요한 핵물질인 우라늄-235 생산에 초점을 맞춘 곳이었다. 우라늄-235를 농축하는 데 가장 크게 기여한 사람이 바로 어니스트 로렌스며, 그가 개발한 사이클로트론이라는 장치를 대형으로 만들어 우라늄-235를 상당 부분 농축했다.

자연계에 존재하는 우라늄은 99%가 우라늄-238이다. 그런데 우라늄-238을 이용한 핵분열반응의 양은 우라늄-235에 비해 상대적으로 적기 때문에 폭탄에 적합하지 않았다. 즉, 핵분열반응으로 무기를 만들려면 자연계에 1% 미만으로 존재하는 우라늄-235를 매우 높은 농도로 농축해야 했으며, 이를 위해서 고도의 설비가 필요했다.

독일보다 먼저 원자폭탄을 개발해야 한다는 강박관념으로 시작했던 맨해튼 프로젝트는 아이러니하게도 정작 독일과의 전쟁을 끝내는데 사용하지 못했고, 일본과 미국의 태평양 전쟁을 끝내는 목적으로 활용됐다. 히로시마와 나가사키에 각각 원자폭탄이 떨어졌는데, 사실 두 개의 폭탄은 서로 다른 폭탄이었다. 맨해튼 프로젝트 시작 당시 과학자들은 우라늄을 이용해 원자폭탄을 만드는 방법과 우라늄-238을 플루토늄이라는 인공원소로 변환해 만드는 방법 중 어느 것의 가능성이 높은지 확신하지 못했고, 두 가지 가능성을 모두 확인하는 방식으로 프로젝트를 진행했다. 이후 히로시마에는 우라늄을 원료로 한 우라늄 원자폭탄을, 나가사키에는 플루토늄을 원료로 한 플루토늄 탄을 사용했던 것이다. 뒤에서 설명할 원자력 잠수함 개발 역사에서도 동일한 상황이 벌어지는데, 중요한 기술을 개발할 때 미국은 항상 가능성이 가장 높은 선택지 두 가지를 동시에 추진함으로써 기술개발에 실패할 확률을 줄였다. 이런 전통을 확립하게 된 가장 중요한 계기 중 하나가 바로 맨해튼 프로젝트다.

1945년 8월 6일과 8월 9일, 우라늄 탄인 'Little Boy'와 플루토늄 탄인 'Fat Man'이 히로시마와 나가사키에 각각 떨어졌다. 이때 떨어진 폭탄에서 핵반응을 일으킨 우라늄과 플루토늄 양은 대략 1kg 미만이다. 이렇게 작은 양의 물질이 20여만 명에 가까운 사람들을 사망케 하는 가공할 무기가 된 것이다.

이후 맨해튼 프로젝트는 대중이 색안경을 끼고 과학자와 공학자를 보게 만드는 데 결정적인 역할을 했다. 즉, 윤리의식이 부족한 과학자와 공학자가 세계를 멸망시킬 수도 있는 가공할 무기를 정부의 은밀한 연구소에서 개발하고 있을지 모른다는 불안감을 줬으며, 이런 불안감은 아직까지도 지속적

Little Boy와 Fat Man(출처: 위키피디아)

으로 영화와 소설 같은 문화 콘텐츠를 통해 확대·재생산되고 있다. 하지만 어느 인간 사회에서나 윤리의식을 가진 사람과 그렇지 않은 사람이 존재하며, 그중 인류의 더 나은 미래를 위해 과학기술을 개발하려는 이들이 더 많다.

아이러니하게도 윤리의식 때문에 희생된 과학자 중 한 명이 바로 로버트 오펜하이머다. 오펜하이머는 맨해튼 프로젝트를 성공적으로 수행하는 데 가장 크게 기여했으며, 당시 미국 사회에서는 과학자의 아이콘이었다. 그러나 그는 원자폭탄의 파괴력과 살상력에 심한 죄책감이 들었다. 이후 미국 정부가 원자폭탄을 전술적으로 사용하고 확대하는 것과 수소폭탄 개발을 모두 반대하면서 그는 좌익성향을 가진 사람으로 낙인이 찍혔다. 마침내 그는 정부와 관계된 모든 일을 못 하게 되고 사회적으로 매장될 뻔하기까지 했다. 매카시즘이 지배하던 냉전 시대에 과학자로서 윤리의식이 확고했기 때문에 벌어진 일이었다. 이처럼 독일이 원자폭탄을 선점할 수 없게 하고자 잘못된 방향으로 기술을 개발한 과학자들이었지만, 때로는 확고한 윤리의식과 신념을 바탕으로 불이익을 받고 희생될 수 있는 상황에서도 행동하기도 한다.

원자폭탄은 분명히 원자력 에너지가 발견되던 때부터 웰스와 같은 공상과학 소설가가 상상할 수 있을 정도로 가장 쉽게 떠올릴 수 있는 원자력 에너지의 활용 방식이었다. 마치 인간이 불을 발견했을 때 음식을 조리하고 난방을 하는 데 이용하기도 했지만, 사실은 짐승으로부터 자신을 보호하고 전쟁에서 더 많이 사용했던 것처럼 말이다.

초기에 원자력 에너지가 발견되었을 때 원자폭탄만이 원자력 에너지의 활용방식이라고 생각하지는 않았다. 이는 최초로 원자력 에너지의 활용방식에 대해 검토한 영국 정부의 MAUD 위원회의 보고서에서도 확인할 수 있다. 이 보고서의 내용에 따르면, 원자력 에너지는 폭탄으로 활용될 수 있을 뿐만 아니라 인류에게 유용한 전기에너지로 변환하는 것도 가능하며, 방사선을 이용해 의료기술을 증진시킬 수 있다는 것을 모두 예견했다. 실제로 맨해튼 프로젝트는 MAUD 보고서를 기반으로 진행됐으며, 이후 원자력 에너지가 인류의 복지를 증진하는 데 활용하게 된 것도 이 보고서 내용과 유사하게 진행된다.

그리스로마 신화에서부터 원자력 잠수함까지

일반인에게 알려진 사실과 달리 원자력 에너지가 인류 복지증진을 위한 활용방식, 즉, 원자력 공학의 발전은 원자폭탄 개발을 출발점으로 보지는 않는다. 원자력 공학의 진정한 목적은 '원자력 에너지를 인류에게 유용한 에너지 형태로 제공하는 것'이며, 핵반응의 부산물인 방사선을 이용해 인류의 행복과 건강을 증진하는 데 있다. 따라서 원자폭탄은 어디에도 이와 일치하지 않기 때문에 원자력 공학의 출발점으로 보기는 힘들다.

원자력 공학의 태동은 그 이전인 그리스로마 신화를 모티브로 한다. 인간이 상상을 하기 시작한 것은 인간의 역사만큼

오래되었다. 그리스로마 신화만 해도 인간의 상상력이 얼마나 풍부했는지 알 수 있다. 특히 『오디세이』는 트로이 전쟁의 영웅 오디세우스가 전쟁이 끝나고 자신의 집으로 돌아가는 험난한 여정을 그렸는데, 오디세우스가 신화 속에서 겪는 어려움은 가히 초현실적이다. 오디세우스가 고초를 겪게된 것은 집으로 돌아가는 길에 잠시 들렀던 섬에 살던 키클롭스라는 괴물과 대결하면서 비롯된다. 키클롭스는 바다의 신 포세이돈의 아들이었는데, 오디세우스를 총애하던 아테네 여신은 키클롭스에게 오디세우스의 이름을 절대 알려주지 말아야 한다고 조언해주었다. 오디세우스는 그녀의 조언에 따라 키클롭스에게 자신의 이름을 '우티스'라고 알려준다. 우티스는 그리스어로 '아무도 아니다'라는 뜻이며, 라틴어로 번역하면 '네모'다.

네모라는 이름은 쥘 베른의 소설 『해저 2만 리』에도 등장한다. 『해저 2만 리』는 이미 2,000년도 넘은 『오디세이』를 모티브로 삼아 19세기 현실에 맞게 각색한 것이다. 『해저 2만 리』에서 주인공인 네모 선장은 시대를 앞선 과학기술로 건조한 잠수함 노틸러스호의 카리스마 넘치는 선장으로 묘사하고 있다. 그리고 노틸러스호는 당시 어떤 해군의 배와 견주어도 월등한 성능을 내는 잠수함으로 그리고 있다.

『해저 2만 리』의 노틸러스호는 1950년대 미국 해군 제독이

그리스로마 신화에 등장하는 키클롭스와 『해저 2만 리』의 잠수함 노틸러스호
(출처: 위키피디아)

었던 하이만 릭코버에 의해 세계 최초의 원자력 잠수함으로 재현되었다. 원자력 공학이라고 하면 대중에게는 아인슈타인과 원자폭탄이 가장 먼저 떠오를 것이다. 그러나 원자력 공학의 효시이자 원자력 에너지를 파괴의 목적이 아닌 인간에게 도움이 되는 에너지원으로 활용한 기술개발의 아버지는 하이만 릭코버다. 모든 상황의 배경에는 원자력 잠수함 건조가 있었으며, 원자력 잠수함 건조의 시발점이 된 것이 바로 『오디세이』다.

하이만 릭코버는 1900년에 태어나 해군사관학교를 거쳐서 해군 장교로 복무했다. 가정형편이 어려웠던 그는 고등교육을 받을 수 있는 유일한 방법으로 해군사관학교를 진학했다.

하이만 릭코버는 제2차 세계대전 당시 기술장교로 해군에서 경력을 쌓았다. 당시 군대는 야전에서 직접 지휘하는 야전장교의 진급 기회가 더 많았으며, 기술 업무를 다루는 기술장교는 좋은 대접을 받기 힘들었다. 그럼에도 불구하고 그는 자기 업무에 매우 충실했다.

하이만 릭코버는 당시 해군 기술장교들 중 가장 능력이 출중했기 때문에, 맨해튼 프로젝트에 참여해 원자력 에너지원에 대한 교육을 받았다. 해군에서 지속적으로 기술 관련 업무를 했던 하이만 릭코버는, 원자력 에너지가 잠수함이라는 무기체계와 결합했을 때 얼마나 이상적인 시너지 효과가 발생할 수 있는지 단번에 알아차렸다. 제2차 세계대전이 끝난 이후 하이만 릭코버는 해군에서 원자력 잠수함 개발 프로젝트를 시도하고자 노력했다. 하지만 당시에 맨해튼 프로젝트를 운영했던 과학자들로 구성된 핵에너지운영위원회(Atomic Energy Commission)에서는 원자력 잠수함에 대해 매우 부정적인 입장을 취했다. 당시 잠수함의 출력에 필요한 원자로 크기는 도시 한 블록 규모의 면적이었기 때문에 현실적으로 불가능하다고 판단했던 것이다. 하지만 하이만 릭코버는 과학자보다는 공학자에 더 가까운 사람이었다. 그는 지금의 한계가 물리적인 한계라기보다는 공학적인 한계였기 때문에 기술개발을 통해서 충분히 극복할 수 있다고 생각했다. 하이만 릭코버는 이와 같은 신념으로 주변에 뛰어난 인재들을 모아 본격적으로 원자력 잠수함 개발 프로젝트를 시작했다.

해군 외부뿐만 아니라 내부의 부정적인 반응 때문에 하이만 릭코버의 노력은 순탄하게 진행되지 못했다. 고립무원이었던 하이만 릭코버와 그의 그룹은 지속적으로 원자력 잠수함의 중요성을 홍보하고 공학적으로 달성할 수 있다는 것을 주변에 알렸으며, 마침내 많은 사람들의 지지를 이끌어내어 원자력 잠수함 건조 사업을 시작할 수 있게 된다.

그는 원자력 에너지의 유용성뿐만 아니라 부산물인 방사선이 해군 장병들에게 주는 잠재적인 폐해에 대해서도 걱정했다. 한 가지 놀라운 사실은 당시 군인에 적용되는 안전규정이 민간인에 비해서 매우 느슨했던 관습에서 벗어나 민간인에게 적용되는 안전규정을 그대로 군인에 적용했다는 점이다. 즉, 그는 처음부터 안전한 원자력 에너지 개발에 관심을 가졌으며, 장병들이 안심하고 승선할 수 있게 잠수함을 설계하고 건조할 것을 엔지니어들에게 신신당부했다. 이와 같이 원자력 안전에 대한 그의 신념은 확고했다. 또한 조선소에서 잠수함의 일부가 설계 도면대로 건조되지 않자, 전체 공정에 차질이 생기고 실적 부진으로 자신에게 불이익이 생길 것을 알면서도 전 계통을 처음부터 다시 제작하게 했다는 일화도 유명하다.

하이만 릭코버는 원자력 에너지 시스템에 대한 안전을 최고의 가치로 생각하는 사람이었다.

이런 강직함과 원자력 공학에 대한 정확한 이해 때문에 최초의 민간 원자력발전소 건설에도 하이만 릭코버가 참여하게 된다. 노틸러스호에 탑재됐던 원자로를 육상으로 옮겨 쉬핑포트(Shippingport)에 최초의 상업용 원자력발전소를 건설한 것이다. 비록 잠수함에 탑재됐던 원자로지만 이미 민간인에게 적용되는 안전규정을 만족한 상태였기 때문에 하이만 릭코버는 원자력발전소를 큰 어려움 없이 육상에 건설할 수 있었다. 이 과정에서 이미 원자력 에너지의 경제성도 보였기 때문에 많은 발전사업자들이 앞다투어서 원자력발전소를 건설하기 시작했다. 이때도 하이만 릭코버는 민간사업자들에게 안전원칙과 모든 원자력발전소 구성품에 대한 품질보증의 중요성을 설파했고, 마침내 원자력 품질(Nuclear Quality)이라는 최고의 품질 기준을 바탕으로 민간사업자들이 원자력발전소를 건설하게 된다.

이런 과정을 통해서 원자력 에너지는 마침내 인류에게 전기를 공급할 수 있는 새로운 에너지원으로 각광받기 시작했으며, 원자력 에너지가 가지는 높은 경제성 때문에 지난 50년간 미국에는 100여 개 이상의 원자력발전소가 건설됐다. 하이만 릭코버는 63년간 해군에 있으면서 미국 해군의 잠수함을 모두 원자력 잠수함으로 바꾸었으며, 원자력 잠수함 운영

하이만 릭코버와 최초의 원자력 잠수함 노틸러스호(출처: 위키피디아)

을 위한 장교 훈련부터 인사체계와 관리체계를 직접 손질해 원자력 잠수함을 미국 해군의 핵심 전력으로 키웠다.

원자력 공학은 군사기술에서 출발했다. 하지만 원자력 공학의 태동에 절대적인 역할을 했던 군인조차도 원자력 에너지를 단순히 군사적 목적으로만 활용하지 않고 인류의 보편적 복지 향상을 위해 활용하는 방안을 고민했다. 그리고 지금처럼 원자력발전소가 널리 보급되어 빈부격차를 가리지 않고 전 세계에 값싼 전기를 제공할 수 있게 된 근본적인 이유도 원자력 공학을 출발시킨 수많은 천재 과학자와 공학자, 정치가들이 인류의 보편적인 복지에 관심이 더 많았기 때문이다. 또한 원자력 기술만큼 기술윤리에 대해서 고민하는 기술도 없다. 이러한 이유로 원자력 공학 전공자들은 인간 생명과 보편적 복지를 최우선으로 하는 교육을 받는다.

이렇게 인류의 보편적 복지를 최우선으로 하는 원자력 공학은 현대 물리에서 가장 중요한 양자역학, 핵물리학 등이 성립되지 않았다면 시작할 수 없었다. 더 나아가 핵폭탄이라는 무시무시한 괴물을 만들려는 노력이 없었다면 출발할 수 없었을 것이다. 인간의 상상력은 양날의 검이다. 인간에게 이롭고 인간의 건강을 증진할 수 있는 긍정적인 상상력이 있다면, 수많은 인간을 학살하고 인간의 존엄성을 훼손할 방법도 상상력에서 나온다.

원자력발전의 원리

지금까지 원자력 공학이 어떤 역사적 배경을 바탕으로 개발됐는지 간략하게 알아보았다. 이후의 내용에 대해서 더 이야기하기 전에 인류가 어떻게 원자력 에너지에서 유용한 전기에너지를 생산할 수 있는지에 대해서 간략하게 알아보도록 하겠다. 우리가 알고 있는 그리고 원자력 공학에서 중요하게 다루고 있는 원자는 세 가지 입자로 이루어져 있다. 바로 전자(electron), 양성자(proton), 중성자(neutron)다. 물론 최근에는 양성자와 중성자도 더 작은 입자(쿼크와 같은 입자)들로 구성되어 있다는 것을 힉스 보존 입자를 발견한 유럽원자핵공동연구소(CERN) 같은 곳에서 대형 입자 가속기 등의 기술을 통해 밝히고 있다. 하지만 현재 우리가 관심을 가지고 또 이 책에서 다룰 내용에 대해서는 전자, 양성자, 중성자 정도의 구분만으로도 많은 부분이 설명된다.

전자는 음(-)의 전하를, 양성자는 이름에서도 알 수 있듯이 양(+)의 전하를 띄고 있다. 같은 종류의 전하끼리는 서로 반발하며 다른 전하끼리는 서로 당기는 힘이 존재하는데, 이를 수식 형태로 표현한 사람의 이름을 따서 '쿨롱(Coulomb)의 힘'이라고 한다. 물질을 구성하는 기본 단위인 원자는 원자핵이라는 양성자와 중성자가 아주 좁은 공간 안에(10^{-14}m, 머리카락보다 10억 배 작은 공간) 함께 존재하며, 전자들이 원자핵 주위를

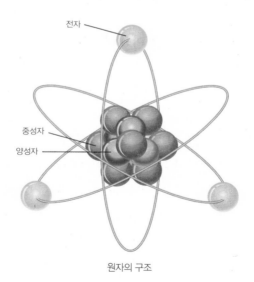

원자의 구조

돌면서 원자를 이루고 있다. 원자핵을 구성하는 양성자의 숫자에 의해 물질을 구성하는 기본 원소들의 화학적 성질이 결정된다. 원자는 전기적으로 중성이기 때문에, 양성자와 같은 수의 전자가 원자핵 주위를 돌고 있다. 일례로 수소는 양성자 하나와 전자 하나로 이루어져 있으며, 탄소는 양성자 6개, 중성자 6개 그리고 전자 6개로 이루어져 있다. 이 책에서 자주 다룰 동위원소들은 양성자의 수는 같은데 중성자의 숫자가 다른 경우다. 가장 좋은 예가 우라늄-235와 우라늄-238이다. 두 원소 모두 양성자의 수는 92개로 같으나 우라늄-235는 중성자가 143개, 우라늄-238은 중성자가 146개로 원자핵을 구성하는 총 입자의 수는 다르다. 하지만 양성자의 수가 같기 때문에 화학적인 성질은 같다.

전기적으로 같은 종류의 전하끼리는 서로 밀어내는 반발력이 존재하는데, 재미있게도 원자핵이라는 아주 조그마한 공간 안에 많은 수의 양성자가 함께 모여 있다는 점이다. 어떻게 이런 것이 가능할지에 대해 고민하던 과학자들은 우리가 일상생활에서 느끼는 중력과 전자기력 말고 원자를 구성할 때 필요한 힘인 강핵력이 존재한다는 것을 알게 됐다. 강핵력의 원천이 되는 에너지가 바로 핵에너지며, 원자력발전소에서 이용하는 에너지다.

다음의 그래프는 핵자당 결합에너지를 표현한 것이다. 그

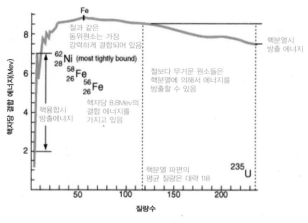

핵자당 결합에너지(출차: 토론토 대학)

래프에서 X축은 질량수이며, 질량수는 원자핵에 양성자의 개수와 중성자의 개수를 더한 숫자다. Y축은 양성자나 중성자와 같은 핵자당 원자핵을 구성하는 데 필요한 결합에너지를 보여준다. 결합에너지가 높으면 높을수록 원자핵이 더 안정한 것을 의미하며, 결합에너지의 차이가 바로 우리가 말하는 핵에너지다.

X축 맨 왼쪽의 원소는 수소다. 수소는 핵자당 결합에너지가 낮기 때문에 다른 원소들과 융합해 안정한 철과 같은 원소가 되고자 한다. 이러한 원자핵과 원자핵이 융합하는 현상에서 발생하는 에너지를 활용하려고 하는 것이 바로 핵융합발전이다. 반대로 X축 맨 오른쪽의 원소는 우라늄 등의 무거운

원소들이다. 이러한 원소들은 스스로 분열해 안정한 철과 같은 원소가 되고자 한다. 이러한 현상에서 발생하는 핵에너지를 이용하는 방식이 핵분열발전이다. 즉, 불안정한 기름, 가스 등과 같은 휘발성 물질을 화학반응을 통해서 물, 이산화탄소 등의 안정한 물질로 바꾸는 과정에서 발생하는 열이 불인 것처럼, 원자력도 상대적으로 불안정한 원소를 인위적으로 안정한 원소로 만드는 과정에서 발생하는 열이다.

원자력 에너지를 이용한 발전방식은 대부분 우라늄이라는 원소를 채취해 핵분열반응으로 열을 얻고 이 열을 전기에너지로 바꾸는 방식이다. 우리가 꿈의 기술이라고 말하는 핵융합발전은 희소한 우라늄 대신 지구에 많이 있는 물에 다량으로 포함된 수소를 이용하는 것을 의미하며, 수소를 이용할 경우에는 인류가 안고 있는 많은 에너지 문제가 해결될 수 있을 것으로 예측하고 있다.

불을 만드는 과정에서도 알 수 있듯이, 아무리 기름이나 가스 같은 휘발성이 강한 물질이라도 가만히 존재할 때는 스스로 불이 일어나지 않는다. 불씨가 있어야 기름이나 가스가 스스로 타면서 불이 붙게 된다. 이와 같이 우라늄처럼 상대적으로 불안정한 원소도 가만히 존재할 때는 어떤 반응도 잘 일어나지 않는다. 이때 우라늄이 연쇄적으로 핵반응을 일으키기 위한 불씨 역할을 하는 것이 바로 중성자다. 그 원리는 비교적

간단하다. 앞에서 설명했던 것처럼 원자핵은 조그마한 공간
에 다수의 양성자가 모여 있고 그 외부는 다량의 전자들이 감
싸고 있기 때문에, 전기적 성질을 띤 입자들은 전자와 양성자
에 의한 쿨롱의 힘 때문에 대부분 원자핵에 도달하기 매우 어
렵다. 따라서 전기적으로 중성을 띤 중성자 같은 입자만이 전
기적인 힘의 영향을 받지 않고 원자핵에 도달해 원자핵에 잠
든 핵에너지를 방출시킬 수 있다.

　문제는 중성자를 만드는 것이 쉽지 않다는 점이다. 그러나
다행스럽게도 우라늄은 아래 그림에서와같이 한 번의 핵분열
이 일어날 때마다 두 개에서 세 개 이상의 중성자를 방출한다.
즉, 핵분열반응으로 중성자 하나를 소모하더라도 더 많은 중

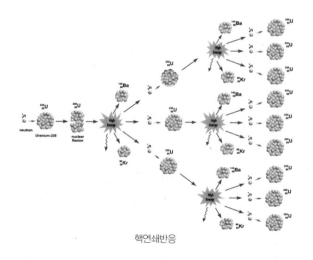

핵연쇄반응

성자가 새롭게 생기기 때문에, 핵분열반응이 연쇄적으로 일어나게 된다.

재미있는 사실은 빠르게 움직이는 중성자보다 오히려 느리게 움직이는 중성자가 핵분열반응을 더 잘 일으킨다는 점이다. 그래서 과학자들과 공학자들은 핵분열에서 발생한 빠른 중성자를 여러 군데 부딪히게 해 천천히 움직이게 하는 방법을 생각했다. 이것은 맨해튼 프로젝트 당시 페르미와 질라드가 최초의 원자로에서 수행한 연구였다. 즉, 우라늄의 핵분열반응에서 생성된 빠르게 움직이는 중성자를 흑연(중성자의 속도를 늦추기 때문에 감속재라고 함)에 부딪히게 해서 핵분열반응이 지속될 수 있게 한 것이었다.

하지만 폭탄을 만들 때는 흑연처럼 부피가 큰 감속재를 포함시킬 수는 없기 때문에 빠른 중성자를 쓸 수밖에 없었다. 따라서 빠른 중성자를 활용해 핵연쇄반응을 일으키려면, 상대적으로 단위 부피당 핵분열반응을 잘 일으킬 수 있는 우라늄-235와 같은 물질이 많이 존재해야 한다. 이런 연유로 핵폭탄을 만들기 위해서는 특정 동위원소인 우라늄-235나 플루토늄-239와 같은 물질을 90% 이상 농축해야만 하는 것이다.

반대로 원자력발전소는 폭탄처럼 만들 이유가 없기 때문에 감속재를 사용하며 우라늄-235를 3~5% 정도로만 농축해 사용한다. 이 정도만 농축해도 충분히 원자핵에 잠든 핵에너지를 활용할 수 있다. 그렇기 때문에 "원자력발전소가 폭주하면 원자폭탄이 될 수 있다"라고 이야기하는 것은 근거 없는 낭설이다. 원자폭탄은 고농축 우라늄이나 플루토늄이 필요한 반면, 상업용 원자력발전소는 저농축 우라늄으로 가동하기 때문에 물리적으로 원자력발전소가 원자폭탄이 된다는 것은 불가능하다. 다만 체르노빌이나 후쿠시마 사고에서와 같이 원자력발전소에서 사고가 나면, 폭발에 의한 위험보다 우라늄이 핵분열반응을 일으키고 남은 물질 중 인체에 유해한 방사선을 내놓는 원소들이 퍼지는 위험이 훨씬 크다. 따라서 원자력발전소의 안전은 언제나 중요하다.

중성자로 인해 우라늄-235가 방출한 핵에너지는 열을 발생시킨다. 물과 같이 중성자의 감속재이자 발생한 열을 냉각할 수 있는 냉각재가 이 열을 식히면서 증기가 생기고, 이 증기를 이용해 터빈과 같은 기계장치를 돌려서 발전을 하는 것이 현재의 원자력발전소다. 즉, 석탄발전소가 석탄을 연소해 열을 만들고 이 열로 물을 증기로 만들어 발전을 하듯이, 원자력발전소는 중성자로 우라늄-235가 열을 만들게 해 이 열로 물을 증기로 바꾸어서 발전을 한다.

우라늄의 일생

그렇다면 원자력발전을 하기 위한 핵심 자원인 우라늄-235는 어떻게 활용되고 그 일생을 마감할까? 우라늄은 먼저 우라늄 광산에서 채취한 후 정련하게 된다. 실제로 우라늄-235는 자연계에서 0.7% 정도 밖에 존재하지 않기 때문에 원자력발전소에서 사용하려면 우라늄-235를 3~5%까지 농축해야 한다. 우라늄-235를 농축하려면, 기체 상태로 만들기 위해 불소를 포함한 UF_6 화합물로 만들고 원하는 농축도로 우라늄-235를 농축한다. 우라늄-235는 여러 가지 방식으로 농축한다. 근자에 북한 핵 사태로 많이 알려진 원심분리기를 이용한 농축 방식이 있으며, 기체의 확산에 의한 농축, 사이클로트론같이 전자기적으로 농축하는 방식 등 다양하다. 또한 최근에는 레이저를 이용한 농축 방식도 가능하다.

농축된 우라늄은 핵연료로 가공되어 원자력발전소에 가게 되고, 원자로 안에서 약 4년 반 동안 에너지를 생산한 후 원자로에서 다시 꺼내게 된다. 사용이 끝난 핵연료 안에는 여전히 에너지를 생산할 수 있는 여러 종류의 원소들이 있기 때문에 이를 재활용할 수 있게 처리하는 재처리 방식이 있고, 사용후 핵연료를 재처리하지 않고 영구 처분할 수 있는 방식이 있다. 현재 우리나라에서는 농축된 우라늄을 해외에서 수입해 핵연료를 가공하는 부분부터 원자력발전소에서 에너지를 생산하고 임시로 저장하는 부분까지만 기술적·제도적으로 확립되어 있다. 향후 우리나라에서는 사용후 핵연료를 영구처분하거나 핵연료 안의 유용한 에너지 자원을 다시 활용하는 재활용 방식에 대해서 정책적으로 결정할 것이다.

사용후 핵연료 안에는 여러 유용한 에너지 자원도 있지만, 우라늄-235가 핵분열이 된 이후에 발생한 방사능 동위원소도 함께 있기 때문에 사용후 핵연료를 다루거나 보관하는 것은 까다롭다. 즉, 사용후 핵연료 안에는 아주 오랜 시간 동안 인체에 유해한 방사선을 방출하는 여러 가지 종류의 물질이 있기 때문에 문제가 된다. 하지만 기술적으로 보면 사용후 핵연료 안에 이런 유해한 물질이 차지하는 비중은 전체의 3%도

채 안 된다.

사실 유해한 물질만 따로 분리해 관리한다면 매우 편리할 수 있다. 그러나 사용후 핵연료에서 유해한 원소를 비롯해 유용한 원소들을 분리한다면 자칫 핵폭탄의 원료가 되는 플루토늄이 순수하게 분리될 가능성이 높기 때문에 이를 반대하는 시각이 많다. 그래서 이 기술을 사용하는 것은 현실적으로 제약이 따른다. 안타깝게도 사용후 핵연료의 문제는 기술적으로 풀어내기 어려운 문제라기보다는 사회·정치 그리고 외교적으로 복잡하게 얽힌 문제다.

사용후 핵연료에 대한 관리와 같은 복잡 미묘한 문제를 포함해 원자력에 관한 여러 가지 이슈들을 국제적으로 공조하기 위해서 1957년에 IAEA(International Atomic Energy Agency)가 발족되어 지금까지 각종 핵물질과 관련된 여러 가지 사안들을 다루고 있다. IAEA는 1954년 미국의 34대 대통령인 드와이트 아이젠하워가 UN에서 한 연설인 '핵에너지의 평화적 이용'에서부터 출발해 조직되었다. 핵

아이젠하워 대통령

에너지가 가진 여러 가지 딜레마는 사실 핵폭탄을 만드는 물질인 우라늄과 플루토늄이 원자력발전소에서도 동일하게 사용된다는 점이다. 따라서 IAEA와 같은 국제기관은 핵물질인 우라늄과 플루토늄에 대한 관리와 감시가 다수의 나라에서 핵폭탄을 만드는 핵확산 현상을 저지하는 방법이라는 국제적 공감대 속에서 활동한다.

많은 사람은 핵확산의 위협을 느끼지 못한 채 살고 있다. 하지만 1945년 히로시마와 나가사키에 핵폭탄이 투하된 이후로 인간은 지금까지 지구상에서 2,000번 이상의 핵폭탄 실험을 진행했다. 또한 1945년부터 5년마다 핵폭탄을 보유한 국가의 수가 하나씩 늘어나고 있다. 미국 국회에서 "어떤 사람이 핵폭탄을 가지고 뉴욕으로 잠입한다면 무슨 기계로 탐지하겠는가?"라는 질문에 핵폭탄을 만드는 데 일조했던 오펜하이머는 "모든 사람의 가방을 열어보기 위한 스크류 드라이버"라는 짧은 대답을 했다고 한다. 이는 핵폭탄을 사전에 탐지하거나 대응하는 것이 얼마나 어려운지를 보여주는 대목이기도 하다. 그 이유는 고농축 우라늄이나 플루토늄 10~50kg만 있어도 핵폭탄을 만들 수 있으며, 얼마든지 소형화가 가능하기 때문이다.

우리나라 주변만 보아도 중국, 러시아, 미국 그리고 북한은 이미 핵폭탄 보유국이며, 농축과 재처리를 모두 할 수 있는 일

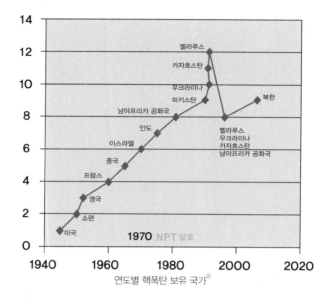

연도별 핵폭탄 보유 국가[2]

본은 언제라도 핵폭탄을 만들 수 있는 국가다. 이런 국제적인 상황을 고려할 때 우리는 핵확산과 핵무기에 대한 맹목적인 공포까지는 아니더라도 항상 만반의 준비를 하고 경계심을 가지는 자세가 필요하다. 우리가 스스로 핵폭탄을 개발할 이유는 없다. 하지만 최소한 핵폭탄에 의한 피해자가 되지 않으려면 대비책과 기술이 절실하며, 이런 준비의 일환이 바로 원자력 기술의 개발이다.

원자력발전의 시작

원자력발전의 역사에 대해 언급하기 전에 발전소의 역사부터 살펴보자. 중앙에서 발전해 송전하는 최초의 발전소는 1882년 런던의 홀본 비아덕트(Holborn Viaduct)에 건설된 발전소다. 이 발전소는 토머스 에디슨의 발명품인 전구가 기존 시장을 점유하던 가스램프보다 더 효용성이 있다는 것을 증명하기 위해서 건설했다. 동일한 목적으로 토머스 에디슨은 같은 해에 영국에서 증명된 기술을 바탕으로 뉴욕 맨해튼의 금융가가 몰려 있는 펄가(Pearl Street)에 1,400여 개의 전구를 동시에 켤 수 있는 발전소를 건립하게 된다.

최초의 발전소는 직류 송전이었으며, 증기를 생산하는 보일러에서 증기를 받아 발전기를 돌리는 형태였다. 토머스 에디슨이 전구를 발명하자 발전소 설비를 생산하는 회사들이 다수 설립됐는데, 후에 이 회사들이 모두 모여 유명한 글로벌 기업인 제너럴 일렉트릭(General Electric, GE)사가 된다. 앞에서 언급했듯이 최초의 발전소는 직류 송전이었지만, 현재 가정용 전기는 모두 교류다.

그렇다면 직류만 송전하던 발전소가 어떻게 현재의 발전소로 변화되었을까? 1800년대 말에는 토머스 에디슨 이외에도 조지 웨스팅하우스라는 유명한 발명가이자 사업가가 있었다. 조지 웨스팅하우스가 설립한 회사인 웨스팅하우스(Westinghouse, WH)사도 현재까지 남아 있는 유명한 글로벌 기업이다. 조지 웨스팅하우스는 당시 토머스 에디슨이 개발한 직류 송전방식에 의문을 제기하고 유럽에서 개발되기 시작한 교류 송전방식에 투자했다. 토머스 에디슨과 조지 웨스팅하우스는 'War of Current' 시대라고 불릴 정도로 서로 라이벌 의식이 강했으며, 서로 송전방식의 표준을 정하는 것을 놓고 첨예하게 대립했다. 마치 휴대폰의 차세대 이동통신 방식 표준화를 놓고 전 세계 기업들이 힘겨루기를 하듯이 1800년대 말에 전류 송전방식을 놓고 경쟁하고 있었던 것이다. 결국 당시 기술로 고압 송전이 더 쉬워 전력손실이 덜한 교류 송전방식이 표준 방식으로 채택되었으며, 이로써 현재 전 세계의 나

토머스 에디슨과 조지 웨스팅하우스(출처: 위키피디아)

라들이 대부분 교류 송전방식을 채택하게 된다. 즉, 웨스팅하우스의 승리였다.

재미있는 사실은 전류 송전방식에서만 두 회사가 대립한 것이 아니라 원자력 산업에서도 서로 라이벌로 경쟁했다는 점이다. 200KW 전기를 생산한 최초의 원자로는 아이다호 국립연구소에서 실험했던 EBR-1이라는 원자로다. 이 원자로는 맨해튼 프로젝트가 종결된 이후 원자력 에너지를 인류의 보편적 복지에 사용하기 위해서 발전을 위한 열원으로 사용하려는 최초의 시도였다.

당시에는 발전에 필요한 우라늄이 많이 부족할 것이라는 사실이 가장 큰 고민거리였다. 이는 당시의 자원탐사기술이 낙후되어 매장량을 충분히 확인하지 못했기 때문에 생긴 고민이었다. 하지만 지금은 자원탐사기술이 발전해, 최근까지 확인된 바에 따르면 앞으로 100여 년간 원자력발전소에서 사용할만한 양의 우라늄이 존재한다. 맨해튼 프로젝트와 원자력발전의 원리를 설명하면서 언급했듯이 실제로 원자력발전소에서 원자력에너지로 사용할 수 있는 우라늄은 우라늄의 99% 이상을 차지하는 우라늄-238이 아니라 1% 미만으로 미미하게 존재하는 우라늄-235다. 즉, 확인된 우라늄의 매장량도 적을뿐더러 매장된 우라늄이 대부분 원자력 에너지로 사용할 수 없었던 것이 가장 큰 걸림돌이었다.

이 문제를 해결하기 위해서 최초의 원자로를 설계하고 실험했던 페르미는 우라늄-238을 플루토늄으로 바꿀 가능성에 대해서 고민하게 된다. 고민 끝에 페르미를 비롯한 미국의 연구진들은, 우라늄-235에서 핵분열로 생산된 2~3개의 중성자 중 하나가 다시 우라늄-235와 반응해 에너지를 생산하고, 나머지 중성자들이 우라늄-238로 흡수돼 만든 플루토늄을 다시 연료로 하는 원자로를 고안하게 된다. 문제는 중성자를 더 많이 만들려면 우라늄-235가 흑연이나 물과 같은 감속재가 존재하지 않는 환경에 있어야 했다. 그래서 원자로를 효율적으로 냉각하기 위해 액체금속(액체 상태의 나트륨 같은)이 냉각하는 원자로를 설계하게 된다. 이 원자로가 EBR-1로, 핵연료를 소모해 전기를 생산하는 동시에 소비한 핵연료보다 더 많

EBR-1 원자로(출처: 위키피디아)

은 핵연료를 만들어내는 꿈의 원자로다. EBR-1은 1951년에 가동되었으며, 최초의 중앙집중형 발전소를 지은 시점에서 60여 년 후에 석탄이나 기름 같은 화석연료가 아닌 새로운 에너지원이 있음을 입증했다.

하지만 앞에서 언급했듯이 실제 상업용 원자력발전소의 시작은 하이만 릭코버가 만든 최초의 원자력 잠수함 노틸러스호의 원자로에서 출발한다. 사실 하이만 릭코버는 최초의 원자력 잠수함을 건조하면서 GE사와 WH사를 경쟁시켰다. 특히 GE사는 페르미가 아이디어를 내어서 실제로 전기까지 생산한 EBR-1의 성공에서 아이디어를 얻어 액체금속에 의해 냉각되는 원자로를 원자력 잠수함에 탑재하기를 희망했다. 반면 WH사는 바다 밑이라는 특수한 환경과 잠수함이라는 닫힌 공간에서 가장 안전한 물질을 이용하기로 결정하고, 물을 냉각재로 이용하는 원자로를 독자적으로 개발하게 된다.

1950년대에도 에디슨과 웨스팅하우스의 라이벌 구도가 다시 원자력 잠수함 건조에서 재현된 것이다.

결론적으로 하이만 릭코버는 물을 냉각재로 하는 가압형 경수로를 개발한 WH사의 손을 들어주었다. 액체금속 냉각재인 나트륨은 물과 접촉할 경우 격렬한 화학반응을 일으키며 공기와 접촉해도 화재가 날 수 있어 잠수함에서 사용하기에는 위험부담이 따랐기 때문이다. 결국 WH사의 원자로를 잠수함과 항공모함 같은 대형 군함의 추진기관으로 차용하게 된다. 그 결과 WH사의 가압형 경수로가 노틸러스호에 탑재되고, 노틸러스호의 성공으로 인해서 쉬핑포트에 최초의 상업용 원자력발전소를 건설하게 되며, 1957년에 60MW의 전기를 주변 지역에 공급하기 시작한다. 그 후 WH사는 자사의 가압형 경수로 모델을 세계 각국의 발전회사들로부터 수주받아서 건설하게 된다.

사실 쉬핑포트 발전소가 운영되기 전에 이미 전기를 MW 정도의 규모로 생산하는 원자로는 구소련과 영국 등지에서 가동되고 있었다. APS-1 Obninsk는 흑연을 감속재로 사용하고 물을 냉각재로 하는 원자로며, 구소련에서 최초로 민간에 의해 건조된 원자력발전소다. 이 원자로는 후에 체르노빌 사고를 일으키는 RBMK 형 원자로의 초기 형태다. 이 원자로는 전력생산뿐만 아니라 실험용 원자로의 역할을 함께 했기 때문에 쉬핑포트와 같이 순수 상업용 발전 목적과 차별된다.

영국의 윈드스케일(Windscale) 지역에 지은 컬더 홀(Calder Hall) 원자력발전소는 구소련과 마찬가지로 흑연을 감속재로 사용하는 원자로인 Magnox를 사용해 50MW 정도의 전기를 생산할 수 있었다. 구소련 원자로와 차이점은 물 대신 이산화탄소를 냉각재로 사용했다는 점이다. 원자로에서 가열된 이산화탄소로 물에 열을 전달해 증기를 만들어 발전하는 방식의 원자로였다. 다만 Magnox에서 생산된 플루토늄은 군사적 목적으로 사용되었기 때문에, 쉬핑포트처럼 완전 상업용 발전 목적의 원자력발전소와는 구분이 된다.

GE사는 상업용 발전소 시장에서 WH사처럼 압력이 다른 두 개의 수냉식 냉각계통을 가지는 구조를 단순하게 만드는 것을 제안했다. 즉, 원자로에서 직접 물을 끓여서 증기를 만드는 비등형 경수로를 개발해서 1960년 미국 일리노이 주에 있는 드레스덴(Dresden)에서 운영하게 된다. GE사의 비등형 경수로도 WH사의 가압형 경수로 못지않게 경제성이 입증되어 세계 각국의 발전회사들로부터 주문을 받았고, 현재 가압형 경수로와 비등형 경수로 원자력발전소가 세계 원자력발전 시장의 대부분을 차지하고 있다. 어떤 의미에서는 에디슨과 웨스팅하우스의 라이벌 구도가 1세기에 걸친 선의의 경쟁을 통해서 중요한 기술개발을 성공적으로 이끈 계기가 되었다고 볼

왼쪽부터 시계방향으로 쉬핑포트 발전소, Obninsk 원자력발전소,
컬더 홀 원자력발전소(출처: 위키피디아)

수 있다. 이와 같이 1950년대와 1960년대 초에 개발된 초기 원자력발전소들이 1세대 원자로로 구분되며, 이때의 개발경험을 바탕으로 1970년대 이후의 2세대, 3세대, 4세대의 대형 상업용 원자력발전소의 본격적인 개발과 건설이 시작된다.

원자력발전 산업의 부흥과 에너지 문제

1950년대에서부터 1960년대 사이에 지은 초기 형태의 원자력발전소가 높은 경제성을 보이자 미국을 필두로 세계 각국의 발전회사들이 원자력발전소 건설을 희망했다. 원자력발전소의 종류는 사실 매우 다양하다. 그 이유는 중성자를 감속시키는 물질로 물, 흑연 그리고 중수[3] 등을 사용할 수 있으며, 원자로에서 나온 열을 식히는 냉각재도 물, 이산화탄소나 헬륨과 같은 기체, 액체금속 등 다양한 방식이 가능하기 때문이다.

이 중에서 상업적으로 가장 성공을 거둔 방식은 앞에서 언급한 WH사의 가압형 경수로와 GE사의 비등형 경수로다. 특히 WH사의 가압형 경수로는 밥콕앤윌콕스(Babcock & Wilcox,

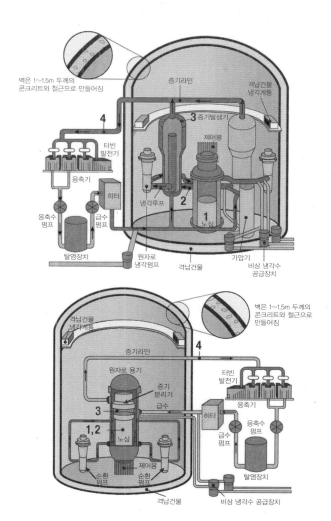

벽은 1~1.5m 두께의
콘크리트와 철근으로 만들어짐

증기라인

격납건물
냉각계통

4

터빈
발전기

3 중기발생기

제어봉

응축기

냉각루프

2

히터

1

노심

응축수
펌프

급수
펌프

탈염장치

원자로
냉각펌프

격납건물

가압기

비상 냉각수
공급장치

격납건물
냉각계통

벽은 1~1.5m 두께의
콘크리트와 철근으로
만들어짐

증기라인

4

원자로 용기

터빈
발전기

증기
분리기

응축기

3

급수

히터

1,2

노심

급수
펌프

응축수
펌프

제어봉

순환
펌프

순환
펌프

탈염장치

격납건물

비상 냉각수 공급장치

가압형 경수로와 비등형 경수로(출차: 미국 원자력규제위원회)

59

B&W)사나 컴버스천엔지니어링(Combustion Engineering, CE)사와 같은 미국계 회사, 유럽의 지멘스(Siemens)사와 프라마톰(Framatom)사, 일본의 미쓰비시(Mitsubishi)사 그리고 우리나라의 한국전력 등으로 기술이 이전되거나 약간 변형된 형태로 재탄생한다. 후에 유럽의 원자력발전소 건설회사는 아레바(Areva)라는 회사로 모두 통합된다. 구소련에서도 독자적으로 VVER이라는 이름의 가압형 경수로를 개발했으며, 이로써 전 세계적으로 약 430여 기의 원자로 중 270여 기가 가압형 경수로다. GE의 비등형 경수로도 일본과 유럽에서 상업적으로 성공을 거뒀으며, 전 세계 원자력발전소 중 100여 기가 비등형 경수로다.

그럼 원자력발전에서 생산되는 전기는 얼마나 경제적일까? 나라마다 다르지만 현재 우리나라에서 원자력 에너지는 전기를 생산할 수 있는 에너지 자원 중 가장 싸다. 석탄과 같은 화석에너지원에 비해서도 거의 40% 이상 싸기 때문에 원자력 에너지가 가진 위험과 단점을 알고 있으면서도 사용하고 있다. 하지만 경제적인 이유만으로 원자력 에너지를 사용하고 있는 것은 아니다.

21세기에 인류가 당면한 문제 중 많이 회자되는 것이 바로 에너지 부족 문제다. 하지만 과학을 한 번이라도 관심 깊게 공부해 본 사람이라면 에너지 부족 문제라는 문장은 엄밀히 말해 틀렸다는 것을 알 수 있다. 열역학 제1법칙인 에너지 보존의 법칙에 따르면, 우리는 에너지를 새롭게 생산할 수도 없으며 또한 소멸시킬 수도 없다. 그런데 어째서 인간은 에너지가 부족하다고 이야기할까? 사실 에너지 부족 문제는 열역학 제2법칙과 더 밀접한 연관이 있다. 에너지는 보존되지만, 에너지가 다른 형태로 전환될 때 100% 전환될 수 없으며, 에너지 변환을 많이 할수록 우리가 사용할 수 있는 유용한 에너지의 전체적인 양은 계속 줄어든다. 따라서 인류가 당면한 에너지 부족 문제란, 인류에게 유용한 형태로 전환 가능한 에너지의 양이 제한되어 있기 때문에 발생하는 문제지, 에너지의 절대량이 부족해서 발생하는 문제는 아니다.

그렇다면 우리는 왜 유용한 에너지가 필요할까? 사실 인류의 모든 행위는 유용한 에너지를 소모해 재사용이 불가능한 형태의 에너지로 전환하는 과정이다. 다시 말하면, 인간은 유용한 에너지 소모 없이는 높은 삶의 질을 영위할 수 없다. 간단한 예로, 우리는 화학에너지, 중력에너지, 태양에너지 그리고 원자력 에너지 등을 현재 인류가 알고 있는 가장 유용한 형태인 전기에너지로 전환하며, 전기에너지를 사용하는 필수적인 기기들을 사용하고 있다. 따라서 에너지 부족 문제는 전기에너지 보급 문제로 치환되며, 전기 보급률이 높고 1인당 전기소비량이 많을수록 선진적이고 풍요로운 삶을 살고 있음을 쉽게 알 수 있다.

원자력 에너지는 태양광이나 풍력과 같은 신재생 에너지와 달리 날씨나 기후 등 불확정적인 요소를 비롯한 여러 외부요인에 둔감한 에너지원이다. 동시에 단위 질량 당 저장되는 유용한 에너지가 다른 신재생 에너지원에 비해서 매우 많기 때문에 인류는 안정적인 에너지원으로 사용하고 있다. 조금 더 살펴보면, 아래의 그림에서와 같이 하루 중 최고 전력사용량은 낮과 밤 그리고 기상에 따라서 변화한다. 그러나 외부요인과 상관없이 항상 필요한 전기 즉, 전력산업에서 기저부하(Base Load)라고 부르는 전기는 어떤 일이 있어도 공급돼야 한

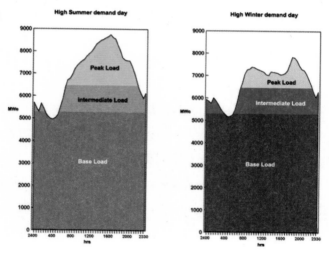

전력사용 추이(출처: 세계원자력협회)

다. 이런 전기는 가정용 제품에서부터 시작해 산업체나 병원에서 24시간 사용해야 하는 전기 등 인류가 풍요로운 삶을 영위하기 위해 필요한 전력이다. 원자력 에너지는 바로 이 기저부하를 담당하고 있으며, 외부요인과 상관없이 24시간, 365일 전기를 묵묵히 생산하고 있는 것이다.

이렇게 공기나 물만큼 중요하면서 인간답게 살기 위한 전제조건으로서 기저부하에 필요한 전기는 안정적인 공급이 가장 중요한 이슈다. 즉, 언제든지 우리가 원하는 만큼의 유용한 에너지를 비교적 싼 가격에 쓸 수 없다면, 우리의 삶은 매우 피폐해지고 궁핍해질 것이다. 따라서 최근 많이 이야기하는 식량 안보만큼 중요한 것이 에너지 안보다. 한 국가에서 필요한 에너지를 안정적인 공급원에 의존하지 않고 외부의 불확정적 요인에 의존한다는 것은 국가의 존망과도 직결된 중요한 일이기 때문이다.

원자력 에너지가 가진 경제적 이유와 각국의 에너지 안보로 인해서 원자력발전소는 세계 각국에 지어졌으며, 원자력발전소에서 생산되는 전기 생산량은 전 세계 전기 생산량 중 12% 정도를 차지하고 있다. 특히 프랑스는 자국 전기 생산량의 70% 이상이 원자력일 정도로 원자력 에너지의 의존도가 높으며, 한국과 일본의 경우에도 30% 정도의 전기 생산량을 원자력 에너지에 의존하고 있다. 또한 중국도 100여 기 이상의 원자력발전소 증설을 계획하고 있다. 또한 아랍에미리트나 중동의 산유국들과 같이 자원이 풍부한 나라에서도 원자력발전을 하거나 아니면 확대하려 한다. 그 이유는 원자력 에너지가 화석에너지 자원을 대체할 수 있어 화석에너지를 전력생산이 아닌 부가가치가 큰 산업에 투입할 수 있기 때문이다.

더 나아가 전 세계가 이산화탄소 배출에 의한 기후변화에 민감해짐에 따라, 이산화탄소를 배출하지 않는 에너지원에 대한 관심도 높아지게 되었다. 신재생 에너지와 원자력 에너지는 이산화탄소를 거의 배출하지 않는 에너지원이다. 따라서 인류가 기후변화에 더 적극적으로 대응한다면 당연히 신재생 에너지원과 원자력 에너지원의 확대가 필수적이다.

화석에너지원은 고대의 인류가 사용하던 땔감의 연장선상에 있는 에너지다. 마른 나무를 태워서 현대 사회의 문명을 유지하기에 인류는 너무나 많은 양의 유용한 에너지를 소모하고 있다. 따라서 수억 년 전 무수히 많은 식물과 동물들로부터 저장된 유용한 에너지가 정제된 석탄, 석유, 천연가스를 활용해야 인류 문명을 유지하기 위한 에너지 소비량을 충족할 수 있다. 반면 원자력 에너지는 이와는 완전히 다른 개념의 에너지원이다. 원자력 에너지가 개발된 역사만 하더라도 아직 100년이 채 되지 않았으며, 비교적 최근에 와서 인류가 그 힘을 깨닫고 사용하기 시작했다. 즉, 땔감을 태워서 불을 피우고

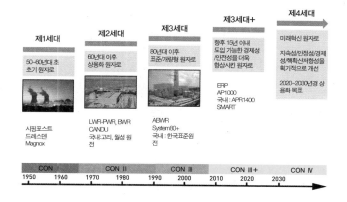

원자력 시스템의 변천도

불을 활용해 인간이 문명을 누려온 역사는 수만 년인 반면, 원자핵에 잠재된 에너지를 활용하기 시작한 역사는 이제 1세기도 채 되지 않은 걸음마 시점이다.

현재 원자력발전소에 사용하는 기술은 3세대 정도의 기술에 해당한다. 앞으로 4세대 또는 그 이상의 고급기술이 개발되어 원자력 에너지를 더 경제적이면서 안전하고 지속 가능하게 사용할 수 있는 노력은 계속되고 있다. 그리고 현재 우리나라도 원자력 기술에서만큼은 세계 일류 수준을 지향하면서 개발하고 있다.

원자력발전 산업의 대형사고와 교훈

원자력 에너지를 평화적으로 활용해 발전을 하는 기술은 하이만 릭코버가 쉬핑포트에서 성공적으로 시범을 보인 후 매우 **빠른** 속도로 전 세계에 퍼졌다. 미국을 필두로 현재 31개국이 430여 기의 원자력발전소를 운영하고 있으며, 56개국에 240기의 연구용 원자로가 있다. 그리고 약 180여 기의 원자로가 150개의 배에 탑재되어 전 세계 해양을 다니고 있다. 현재에도 약 60여 기의 새로운 원자로가 전 세계에 건설되고 있다.

그러나 이렇게 빠른 발전을 이룬 원자력발전 기술도 세 번의 대형사고로 인해서 정체기를 맞이했다. 첫 번째 사고는

1979년 미국에서 일어난 TMI-2 사고다. TMI-2 원자로는 밥콕앤윌콕스사에서 지은 가압형 경수로다. 처음에는 단순한 기기고장으로 시작했지만, 원자력발전소의 주 제어실이 운전원에게 친숙하게 설계되지 않은 점과 운전원의 미숙으로 인해 원자로의 노심이 녹는 대형사고로 발전하게 된다. 비록 이 사고에서 대량의 방사성 물질이 외부로 유출되지는 않았으나, 원자력발전소에서 안전을 등한시할 경우 사회적으로 얼마나 큰 파장이 미칠 수 있는지에 대해서 경종을 울린 사고였다. 미국은 이후 30년간 새로운 원자력발전소를 건설하지 않았다. 하지만 2012년 보글(Vogtle) 부지에 새로운 원자력발전소 건설을 허가받아서 다시 신규 건설이 시작되었다. 그럼에도 불구하고 당시 사고로 인해 원자력발전소를 설계, 건설 및 운영하는 기술은 전 세계적으로 더 발전하는 계기가 되었으며, 더 안전한 3세대 원자로를 개발하는 기술적 배경이 된다.

TMI-2 발전소 전경과 TMI-2 사고후 원자로 상태(출처: 위키피디아)

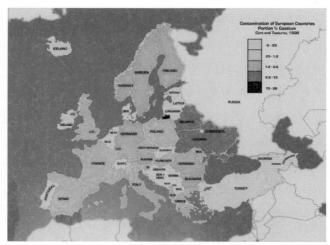

체르노빌 사고에 의해서 유럽에 퍼진 방사성 물질
(출처: http://maptd.com/the-chernobyl-disaster-mapped)

　두 번째 사고는 1986년에 구소련의 체르노빌에서 발생한
사고다. 체르노빌 원자력발전소는 서방세계의 원자력발전소
와 설계 개념이 완전히 달랐으며, 앞에서 설명한 1세대 원자
로 Obninsk에서 출발한 RBMK형 원자력발전소다. 서방세계
의 원자로와 당시 체르노빌 원자로의 가장 큰 차이점은 방사
성 물질의 확산을 저지하기 위해서 가장 중요시하는 격납건
물이 설치되지 않은 점이었다. 또한 원자력발전소 설계에서
중요한 고유 안전성조차 가지지 않은 발전소였다. 구소련에
서는 안전성이 부족한 원자력발전소로 실험을 진행했으며,

이 실험에서 큰 사고가 발생했다. 사고 당시 원자로 출력이 제어되지 않아서 급격하게 물이 증기로 바뀌고, 다량의 증기로 압력이 높아져 폭발했던 것이다. 또한 당시 체르노빌 원자력 발전소에서 사용한 RBMK형 원자로 안의 감속재인 흑연에 불이 붙어 화재가 발생했고, 방사성 물질을 다량 함유한 재가 유럽까지 확산되었다. 이 사건은 여러 유럽 국가에서 반핵 운동을 일으키는 결정적인 계기가 되었다.

세 번째 사고는 비교적 최근인 2011년에 일어난 일본의 후쿠시마 원전 사고다. 예상치 못한 대형지진과 해일로 인해 원전의 냉각기기들에 전력을 공급하는 장치가 피해를 입어 작동하지 못했고, 이로 인해서 원자로 내부가 크게 손상을 입었다. 원자로 내부 손실 과정에서 핵연료 피복제를 구성하는 합금이 높은 온도에서 가열되고, 물과 반응해 발생한 수소가 외부로 방출되면서 폭발한 것이다. 이때 후쿠시마 원전 주변으로 다량의 방사성 물질이 누출돼 환경을 오염시켰으며, 많은 이재민이 발생했다. 당시에는 원자력 산업의 르네상스가 오

후쿠시마 원전 사고 직후 주변 지역에 퍼진 방사성 물질(출처: 국제원자력기구)

고 있던 시점이었는데 이 사고로 원자력 에너지의 안전에 대한 우려가 다시 확인됐으며, 다수의 국가에서는 원자력 에너지 정책에 대해 재고하기 시작했다.

세 번의 대형 사고로 인해 원자력 산업과 이를 뒷받침하는 원자력 공학에 관련된 많은 관계자들은 새롭게 건설되거나 개발되는 원자로를 포함한 원자력발전소에서 이와 유사한 사고가 발생하지 않게 조치를 취하고 있다. TMI-2 사고에서 우리는 원자력발전소의 주 제어실 설계가 얼마나 중요한지 깨달았기 때문에 이와 관련해 대대적인 혁신이 있었으며, 노심이 손상될 경우에 대한 대비를 설계에 반영하기 시작했다. 이런 기술적 발전이 결국 3세대 원자로 개발로 이어졌다. 체르노빌 사고 이후에는 원자로의 고유안전성과 격납건물의 중요성이 다시 한 번 확인되었기 때문에 이에 대한 기술개발이 진행되었다. 후쿠시마 원전 사고 이후에는 예측하기 어려운 천재지변에도 대처할 수 있는 원자력발전소를 만들기 위해 전 세계 원자력발전소들의 설비를 개선하고 있다.

원자력발전소도 고품질의 기기를 사용하고 안전성을 최우선으로 설계했지만, 몇 번의 실패 사례가 있었기 때문에 더 완벽한 시스템으로 거듭날 수 있었다. 어떤 기계를 만들던지 처음부터 완벽한 기계를 만드는 것은 상상할 수 없다. 왜냐하면 인간의 풍부한 상상력으로 어느 정도 가상의 위험에 대처할 수는 있지만, 자연은 인간의 상상을 뛰어넘는 시련을 내릴 때가 종종 있기 때문이다.

한 가지 안타까운 사실은 과학에 관심 있는 대중조차 원자력 공학의 발전이 정체됐다고 생각한다는 점이다. 원자력 공학도 다른 모든 공학 분야와 마찬가지로 끊임없이 발전하고 있으며, 특히 원자력 안전과 관련된 기술은 나날이 발전하고 있다. 앞에서 언급한 대형사고가 발생한 원자력발전소는, 심지어 2011년에 사고가 발생한 후쿠시마 원전조차, 2세대 원전으로 분류되는 1970년대 기술을 근간으로 한 원자로를 사용하고 있었다. 하지만 21세기에 들어서면서 원자력 공학 분야는 끊임없는 연구개발을 통해 안전성을 증진하면서 경제성도 함께 증진된 3세대 원전을 개발했다. 이제는 한발 더 나아가 앞으로 인류의 에너지 문제를 장기적으로 해결할 수 있는 4세대 원전 개발에 착수했다. 즉, 원자력 에너지 활용 기술은 1950년대 기술에 그대로 정체된 것이 아니라 미래 에너지 기술로써 매일 새로운 혁신을 이루고 있으며, 이제는 에너지 분야에만 국한된 것이 아니라 모든 기술 분야로 확산되고 있다.

방사선은 어떻게 측정할까?

후쿠시마 사고 이후로 많은 사람이 방사선의 공포를 체감하고 있다. 그렇다면 방사선은 누가 언제 발견했을까? 방사선을 처음 발견한 사람들은 X선을 발견한 빌헬름 뢴트겐 그리고 방사성 붕괴를 발견한 앙리 베크렐, 피에르 퀴리와 마리 퀴리 등이 있다. 빌헬름 뢴트겐은 1895년에 진공관 실험을 하는 도중에 X선이라는 특이한 빛을 발견해 현재까지도 각종 의료산업에 활용되는 'X선의 아버지'며, 지금도 X선의 방사선량을 뢴트겐으로 표시하기도 한다. 뢴트겐이 X선을 발견한 이듬해인 1896년에 앙리 베크렐은 지도 학생인 피에르 퀴리, 마리 퀴리와 함께 공동으로 X선과 유사하게 높은 에너지의 빛

왼쪽 위부터 시계방향으로 빌헬름 뢴트겐, 앙리 베크렐, 피에르 퀴리, 마리 퀴리
(출처: 위키피디아)

을 스스로 방출할 수 있는 방사능 동위원소들을 찾게 된다. 이
들은 모두 노벨상 수상자가 됐으며, 모두 방사선량을 측정하
는 단위의 이름이 됐다.

사실 핵을 구성하는 입자들을 비롯한 모든 입자는 빠른 속도로 움직이면 방사선으로 분류한다. 빛의 에너지가 약간 높으면 X선이고 더 높으면 감마선이라고 부르며, 전자의 에너지가 높으면 베타선, 헬륨원자의 에너지가 높으면 알파선이라고 한다. 즉, 방사선은 새로운 물질이 아니다. 사물을 구성하는 입자 중 에너지가 높으면 방사선이라고 부른다. 방사선은 핵반응이 일어난 후 원자핵이 에너지가 높은 상태로 있어서 불안정할 경우 원자핵 스스로 안정해지려고 주변으로 방출하는 에너지다. 즉, 화학반응이 일어날 때 원자를 구성하는 전자가 안정해지려고 주변으로 열과 빛(다시 말하면 불)이 일어나듯이 핵반응이 일어날 때에도 원자핵이 안정해지기 위해서 주변으로 에너지를 방출하며, 이 에너지를 가지고 나가는 입자들을 방사선이라고 한다.

그렇다면 방사선은 왜 인체에 위험할까? 사람의 몸은 매우 복잡한 화학물로 구성되는데, 방사선에 인체가 노출되면 몸을 구성하는 화학물 중 일부에 변형이 일어나기 때문이다. 만약 이런 변형이 인체를 구성하는 정보를 담은 DNA에서 일어나면 DNA를 포함한 세포는 암세포가 될 수 있으며, 우리 몸의 중요한 줄기세포와 같은 세포도 죽을 수 있다.

방사선이 인체에 위협을 주는 방식은 크게 두 가지다. 하나는 방사선을 내는 방사능 물질 근처에 있어 방사선을 외부로부터 맞았을 경우, 또 다른 하나는 방사선을 내는 방사능 물질을 공기 중으로 또는 음식으로 섭취해 몸 내부가 방사선에 노출되었을 경우다. 외부로부터 오는 방사선의 경우에는 대부분 방사선 차폐 등을 통해서 신체를 보호해야 하고, 방사능 물질을 섭취하거나 흡입했을 때에는 독극물을 섭취했을 때와 유사하게 대처해야 한다.

대중이 이해하기 가장 어려운 부분 중 하나는 방사선을 측정하는 단위체계가 복잡하다는 것이다. Bq(베크렐), Ci(퀴리), Gy(그레이), rad(라드), Sv(시버트), rem(렘)처럼 단위들만 나열해도 복잡하게 느껴진다. 복잡한 이유는 각각의 단위가 측정하는 것이 다르기 때문이다.

Bq와 Ci는 방사능의 양을 측정하는 단위다. 즉, 특정 물질이 초당 얼마나 많은 양의 방사선을 방출하는지 측정하는 단위로, 3.7×10^{10}Bq는 1Ci에 해당한다. 하지만 얼마나 높은 에너지의 방사선이 얼마나 많이 인체에 흡수되었는지를 알아야 비로소 방사선이 최종적으로 인체에 미치는 영향을 정확하게 알 수 있다. 예를 들면, 같은 방사능을 가진 물질이라도 방사선의 종류에 따라 그리고 방출되는 에너지의 높낮이에 따라 실제로 사람의 건강을 해칠 수 있는 물질 여부가 판가름 나는 것이다.

그래서 등장한 단위가 Gy와 rad다(참고로 1Gy는 100rad와 같다). Gy나 rad는 1kg의 사람 몸(더 정확하게는 생체조직)이 흡수한 방사능 에너지를 나타내는 단위다. 하지만 문제는 방사선을 흡수한 사람의 신체 부위에 따라 방사선에 대해서 민감한 정도가 다르기 때문에, 생체적 효과까지 종합적으로 고려해 건강에 미치는 위험도를 측정하는 단위가 또 필요하다. 예를 들면 눈과 같이 복잡한 기관이 방사선에 노출됐을 때와 손이나 발과 같이 비교적 덜 민감한 부위가 동일한 방사선에 노출됐을 때의 위험도는 다르다. 이렇게 방사선을 흡수한 양뿐만 아니라 흡수한 신체 부위에 따른 민감도까지 포함하여 종합적으로 방사선량의 위험도를 측정하는 단위가 Sv와 rem이다(1Sv는 100rem과 같다).

다음의 표는 우리나라에서 일반인과 방사선작업종사자가 최대한 받을 수 있는 방사선의 한도를 나타낸 표다. 이 표에서도 알 수 있듯이 방사선 노출량의 기준이 되는 단위는 Sv임을 알 수 있다.

구분		방사선직업종사자	수시출입자 및 운반종사자	일반인
유효선량한도		연간 50mSv를 넘지 않는 범위에서 5년간 100mSv	연간 12mSv	연간 1mSv
등가선량 한도	수정체	연간 150mSv	연간 15mSv	연간 15mSv
	손·발·피부	연간 500mSv	연간 50mSv	연간 50mSv

우리나라의 방사선 선량 한도(출처: 원자력안전정보공개센터)

많은 사람이 방사선은 원자력발전소와 같은 특수한 설비에서만 나오는 것으로 인식한다. 하지만 방사선은 자연계에 존재하는 어떤 원소든지 간에 원자핵이 안정해지는 과정에서 나오는 에너지라 우리는 이미 방사선에 노출되어 살고 있다. 즉, 우리는 옛날부터 방사선에 피폭되면서 살아왔으며, 그런 환경에 적응하는 데 익숙한 몸을 가지고 있다. 다만 방사선이나 방사성 물질을 우리 건강을 해치는 범위까지 노출되지 않게 하는 것이 중요한 것이다. 이는 마치 공기 중의 이산화탄소 농도가 높으면 이산화탄소 중독으로 질식해 죽지만, 그렇다고 평상시에 이산화탄소가 전혀 없는 공기를 마시는 것은 아닌 것[4]과 같다. 이산화탄소가 공기 중에 일부 존재한다고 해서 건강을 심각하게 위협받는 것은 아니다. 이산화탄소도 방사선과 마찬가지로 자각 증상이 거의 없고 무색무취며 동시에 많은 양에 노출되어야 비로소 건강에 영향을 미친다. 또한 이산화탄소가 화석연료를 에너지로 만드는 과정에서 발생하는 부산물이라는 점에서 원자력 에너지의 부산물인 방사능과 유사하다.

그렇기 때문에 우리는 원자력발전소를 비롯한 원자력 관련 시설 주변에 거주하는 사람들의 건강에 최소한의 영향을 주기 위해서 방사선량을 항상 측정하고 감시하고 있다. 또한 방사선 의료업계 종사자들이나 기술을 개발하는 사람들도 어떻게 하면 환자가 암 진단이나 암 치료를 받을 때 방사선에 최소로 피폭될 수 있을지 불철주야 고민한다. 방사선이란 단어가 주는 느낌 때문에 이산화탄소보다 더 위협적이라고 느끼겠지만, 우리는 방사선을 탐지할 수 있고, 막을 수 있으며, 치사량만 넘지 않으면 방사선에 의해서 손상 받은 신체도 상당 부분 치료가 가능하다. 또한 방사선으로 인한 돌연변이를 많이 걱정하지만, 실제로 생식세포는 다른 체세포에 비해서 방사선에 더 민감하기 때문에 돌연변이를 만들 확률보다는 치사율이 더 높다. 따라서 방사선에 의한 인간 돌연변이가 제대로 발현할 확률은 매우 낮다.

우리나라의 원자력 산업

원자력의 필요성은 6·25전쟁 이후 폐허 위에서부터 이미 자각하고 있었다. 전후 우리나라는 극도의 자원 부족과 에너지 빈곤이라는 이중고를 겪어야 했다. 사실 두 가지는 별개의 사항이 아니었다. 자원이 부족하니 에너지를 생산할 수 없었고, 에너지가 없으니 자원을 만들 수 없었다. 우리나라가 원자력발전을 도입하게 된 배경에는 재미있는 일화가 있다.

1956년, 미국의 워커 시슬러 박사가 이승만 대통령을 방문하면서 사실상 우리나라의 원자력 산업이 태동하기 시작했다. 워커 시슬러 박사는 1948년 북한이 남한에 대한 단전 조치를 내려 남한의 전력 사정이 어려웠을 때 전력 수급을 원활

하게 할 수 있게 여러 차례 도와준 미국의 사업가였다. 1956년 워커 시슬러 박사는 에너지 박스라는 것을 들고 이승만 대통령을 찾아갔는데, 당시 에너지 박스 안에 든 것은 우라늄과 석탄이었다. 이 대통령이 에너지 박스에 대해서 묻자 시슬러 박사는 나무상자에 있는 우라늄봉에 대해서 설명하기를 "이 우라늄봉을 핵분열시키면 화차 100량의 석탄이나 대형 유조선의 석유가 모두 탈 때 나오는 양만큼의 에너지가 나온다"고 말했다.[5] 덧붙여 석탄이나 석유는 땅에서 캐는 에너지지만 원자력은 사람의 머리에서 캐는 에너지라 자원이 절대 부족한 우리나라에서는 사람의 머리에서 캘 수 있는 에너지를 적극적으로 개발해야 한다고 주장했다. 이 주장에 공감했던 이승만 대통령은 우리나라에서도 지식과 기술로 에너지를 생산하는 원자력발전기술을 습득할 수 있게끔 원자력 공학도들을 적극적으로 육성하기 시작했다.

1959년에는 대한민국 최초의 정부 출연 연구기관으로 한국원자력연구원이 설립되면서 본격적으로 원자력 산업을 육성하기 시작했다. 이후 1973년 제1차 오일쇼크가 일어나자 한창 산업화에 박차를 가하던 세계는 혼란에 빠졌고, 화석연료에만 관심을 기울여왔던 이들이 원자력발전에 다시 눈길을 돌리기 시작했다. 값싸게 전기를 생산하고 공급할 수 있으며 환경적으로 깨끗한 발전 방식이었기 때문이었다. 원자력은 화석연료에 의존했던 수많은 국가에 새로운 대안으로 떠올랐다. 우리나라도 세계의 흐름에 따라 원자력발전소 건설에 박차를 가했으며, 1978년에 우리나라 최초의 원자력발전소인 고리 원자력발전소 1호기가 상업운전을 시작한다.

여기에 얽힌 재미있는 일화가 있다. 이승만 대통령이 시슬러 박사에게 원자력 에너지를 우리나라에서 구현하려면 얼마나 오래 걸릴 것인지에 대해 물었는데, 시슬러 박사는 20년이라고 했다. 시슬러 박사가 예견한 대로 20년이 지난 1978년에 고리 원자력발전소 1호기가 전력을 공급하기 시작한 것이다.

고리 1호기는 웨스팅하우스 기술로 지어졌다. 비록 고리 1호기가 우리 기술로 지은 원자력발전소는 아니었지만, 우리나라가 원자력 시대에 진입했다는 신호탄이었으며 에너지 부족으로 고통을 겪었던 국민은 환호했다. 그러던 중 1979년 미국 TMI(Three Mile Island) 원자력발전소에서 노심 융용 사고가 발생했다. 원자로의 중심부인 노심이 녹아 일부 방사능 물질이 대기 중으로 방출된 사고였다. 이를 계기로 세계는 다시 한번 원자력 에너지에 주목했으며, 원자력의 안전성을 높이는 데 더욱 촉각을 곤두세웠다.

우리나라 원자력 기술자립이 시작되고 있을 무렵인 1986년에 체르노빌 원자력발전소에서 폭발에 의한 방사능 누출 사고가 발생했다. 사고의 파장이 커지는 가운데 원자력발전

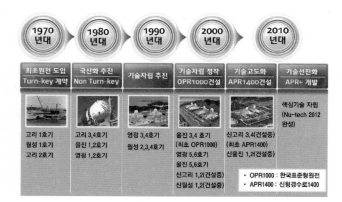

1970년대	1980년대	1990년대	2000년대	2010년대
최초원전 도입 Turn-key 계약	국산화 추진 Non Turn-key	기술자립 추진	기술자립 정착 OPR1000건설	기술고도화 APR1400건설	기술선진화 APR+ 개발

우리나라 원자력발전소 개발 역사와 현황[6]

을 포기하는 나라가 속속 등장했다. 우리보다 먼저 원자력 기술을 연구해 온 나라들이 연구를 중단한 것이다. 한편 이러한 현상은 우리가 그들의 기술력을 빠르게 따라잡을 수 있는 도약의 기회기도 했다. 확실한 대체 에너지가 없는 한 원자력은 우리에게 선택의 대상이 아닌 필요의 대상이었으며, 안전을 최우선으로 하되 포기할 수 없는 기술이었다. 우리는 당시 미국의 컴버스천엔지니어링사와 협력해 원자력발전소를 설계했다. 그리고 마침내 한국형 표준원전 OPR-1000을 개발하였다. 우리나라는 거기서 기술개발을 멈추지 않았고, 이후 10년간 OPR-1000을 개량한 APR-1400 개발에 착수하여 성공하게 된다. 2010년에는 마침내 이와 같은 저력을 밑바탕 삼

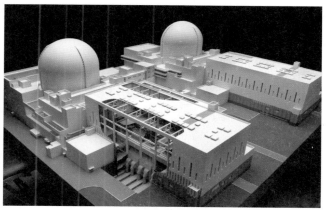

한국형 표준원전 APR-1400(출처: 기흥성)

한국원자력연구소의 하나로(출처: 위키피디아)

아 아랍에미리트에 APR-1400 4기를 수출하며 20조에 가까운 수출성과를 올리게 된다.

우리나라는 원자력발전소뿐만 아니라 연구용 원자로도 성공적인 기술자립화를 통해 2009년 요르단에 수출하는 쾌거를 이룩했다. 연구용 원자로는 전력을 생산하는 목적으로 만든 원자로가 아니라 중성자를 이용해 다양한 과학실험을 수행하거나, 희귀 원소 또는 의료에 필요한 방사성 동위원소를 생산하는 원자로다.

우리나라에서는 1959년도에 제너럴 아토믹(General Atomic, GA)사에서 TRIGA Mark-2라는 연구용 원자로를 수입해 국내에 처음으로 원자로를 건설했다. 이후 1985년부터 10년간 한국원자력연구원에는 하나로라는 다목적 연구용 원자로를 순수 국내기술로 설계 및 건설해 성공적으로 운전하고 있다. 이런 기술적 배경을 바탕으로 마침내 연구용 원자로도 당당한 수출 품목 중 하나가 되었다.

지금 대한민국의 원자력 기술은 더 이상 선진국을 쫓아가는 추격자가 아닌 기술 선진국으로서 앞서가는 선도국으로 도약하려고 한다. 즉, 우리나라의 원자력 기술은 앞으로 전 세계 원자력 기술을 선도할 수 있는 역량이 있으며, 모든 원자력 에너지의 평화적 이용에 선진적인 역할을 수행하려고 한다. 따라서 국내에서는 현재 가동 중인 원자력발전소에 관련된 모든 기술적인 사항에서부터 차세대 원자로의 개발을 주축으로 하며 동시에 핵융합 장치에 대한 연구도 진행하고 있다. 또한 방사선의 의료기술 적용에 대해서도 최근에 급격하게 관심이 집중되고 있으며, 이와 관련된 여러 의료기기 개발에도 박차를 가하고 있다. 또한 과학 분야에서 입자 가속기와 같은 첨단장비를 개발하는 데 필요한 학문 분야도 원자력 공학이기 때문에, 순수 과학 영역에서도 저변을 나날이 넓혀 가고 있다.

상상을 현실로, 원자력 에너지와 방사선 기술

어떠한 과학기술도 인간의 상상력 없이는 발전할 수 없다. 원자력 에너지를 활용하는 과학기술만큼 그 태동이 극적이고 인간 상상력의 극한에서 출발한 학문은 없다고 감히 공언할 수 있다. 세기의 유명한 과학 리차드 파인만도 "에너지는 정확하게 정의할 수 없다"라고 이야기했다. 그런데 놀라운 것은 매일 아침 체중계에 섰을 때 우리를 고민하게 만드는 무게, 즉, 질량이 이 난해한 에너지와 같다는 사실이다. 이 기초적인 사실에서 출발한 원자력 공학은 지난 100년간 과학기술이 인류사회를 얼마나 변모시켜왔으며 정치, 사회, 경제 모든 분야에 얼마나 영향을 미쳤는지 생각해 보자. 원자력 공학하면 가장 먼저 떠오르는 원자폭탄만 해도 국제정치의 끝없는 이슈로 부각되고 있으며, 아직까지도 인류가 가장 두려워하는 무기면서 동시에 강대국을 상징하는 표상으로도 작용하는 이중적 성격을 가지고 있다. 원자력 잠수함은 또 어떠한가? 바다에서 무제한으로 잠항해 세계 어디에서도 은밀히 타격할 수 있는 무시무시한 무기지만, 동시에 바다 밑에서 북극점을 통과할 수 있는 유일한 최첨단 기계며 북극 심해 탐사를 할 수 있는 유일한 방법이기도 하다.

원자력 에너지는 군사적인 이용이 전부는 아니다. 인류 번영을 위해 원자력 에너지를 활용하는 것이 원자력 공학의 진정한 의미다. 이런 측면에서 현재 원자력발전은 전 세계 전력생산의 13%를 담당하고 있다. 13%의 발전량은 지구온난화의 주범인 이산화탄소를 배출하지 않는 에너지원으로서는 가장 기여도가 높은 에너지원이다. 그리고 동시에 모든 비 화석에너지 의존 기술 중 가장 성숙하면서도 경제적인 기술임을 입증하는 것이기도 하다. 이런 배경이 있기에 국제환경단체 그린피스를 설립했던 패트릭 무어 박사도 원자력 에너지가 아니면 현실적으로 지구 온난화를 저지할 방법이 없다고 성토하기도 했다. 뿐만 아니라 전 세계 GDP 상위 20위권 나라는 대부분 원자력발전소를 보유·운전한 경험이 있거나 보유할 계획 또는 핵에너지를 이용한 과학연구를 하고 있다. 이만큼

한 나라의 국력을 보여주고 과학기술의 성숙도를 측정할 수 있으며, 그 나라의 외교력을 시험대에 오르게 하는 과학기술은 없다.

현재 지구상의 400개가 넘는 원자력발전소는 자연계에 1% 미만으로 존재하는 우라늄-235를 핵연료로 사용하고 있다. 그럼에도 불구하고 현재의 원자력발전소는 분명히 다른 발전원에 비해서 경제적으로 전기를 생산하고 있다. 그러나 우라늄-235는 100년 동안 사용할 양만 존재하는 것으로 알려져 있다. 원자력 공학은 이러한 문제점을 극복하기 위해서 남은 99%의 우라늄-238을 연료로 전환해 사용할 수 있는 원자력발전소를 연구·개발하고 있다. 이 원자로는 원자로 EBR-1과 유사한 소듐냉각고속로다. 만약 소듐냉각고속로가 성공적으로 개발돼서 우라늄-238을 연료로 태울 수 있게 되면, 인류가 5,000년 이상 사용할 수 있는 에너지원을 확보할 수 있다. 또한 소듐냉각고속로는 원자력발전소에서 타고 남은 핵연료를 다시 연료로 사용할 수 있으며, 동시에 유해한 방사성 원소들을 격리해 별도 관리가 가능하다. 따라서 사용후 핵연료 관리에 대한 걱정은 높은 기술력을 바탕으로 불식시킬 수 있다.

이와 더불어서 가스로 냉각하는 초고온가스로도 있다. 친환경 에너지에 대한 관심이 급증하면서 인간사회는 탄소 에너지가 아닌 수소에너지를 기반으로 하는 사회로 점차 변모

해갈 수 있다. 이때 수소를 생산할 수 있는 유일한 방식이 바로 원자력 에너지를 이용하는 경우다. 하지만 기존의 원자력발전소에서 제공하는 열의 온도로는 수소를 효율적으로 생산할 수 없을 정도로 낮기 때문에, 기체와 같이 고온으로 올라갈 수 있는 냉각재를 이용하는 초고온가스로가 개발돼야 한다. 즉, 차세대 원자력발전소들은 단지 전기만을 생산하는 경제적인 방식뿐만 아니라 보다 다양한 혜택을 인간에게 돌려줄 수 있는 원자로기도 하다. 이러한 차세대 원자력발전소에 대한 기술연구와 개발은 현재 한국원자력연구원에서 활발하게 진행되고 있다.

지금까지는 주로 핵분열반응만을 활용해 발전하는 기술에 대해서만 이야기했으나, 사실 원자력 공학자가 보는 더 먼 미래에는 핵융합반응을 활용하는 핵융합발전장치의 개발이다. 핵분열은 중성자를 이용하여 인류가 아는 가장 무거운 원소인 우라늄을 분열시키고, 이때 소멸되는 질량이 에너지로 전환되는 것을 말한다. 이와는 반대로, 핵융합은 인류가 아는 가장 가벼운 원소 중 하나인 중수소와 삼중수소를 융합하고, 이때 소멸하는 질량이 에너지로 전환되는 반응이다. 우라늄은 지구에 많이 존재하지 않는 원소지만 질량을 에너지로 전환시키기 때문에 적은 양으로도 인류가 5,000년 동안 필요한 에너지를 제공할 수 있다. 그러나 핵융합의 경우에는 지구 표면

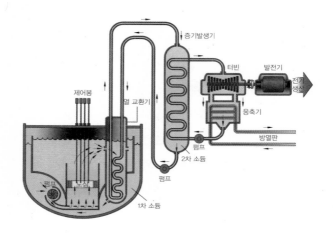

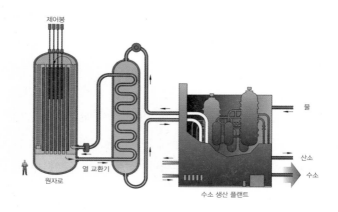

소듐냉각고속로와 초고온가스로(출처: 위키피디아)

의 70% 이상을 차지하고 있는 바다 안에 거의 무한한 양으로 존재하는 원소들을 활용하기 때문에 에너지 문제를 궁극적으로 해결할 수 있다고 예측한다. 핵융합 에너지를 인류에게 유용한 형태의 에너지로 전환하는 기술을 개발하고 있는 학문 분야도 원자력 공학 안에서 이루어지고 있으며, 현재 우리나라에서는 국가핵융합연구소에서 KSTAR라는 장치를 통해서 이 꿈의 발전소를 연구개발하고 있다.

원자력 공학은 비단 핵에너지를 인류에게 유용한 전기에너지로 바꾸는 데에만 집중하는 것은 아니다. 핵반응에서 필연적으로 발생하는 부산물인 방사선은 인간에게 불과 같은 존재다. 불을 잘 다루지 못하면 대재앙으로 작용하지만, 불을 지식과 경험 그리고 기술로 제어할 수 있게 되면 매우 유용한 도구다. 방사선도 이와 똑같다. 방사선을 잘못 관리하면 암을 유발하는 등 유해하지만, 지식과 경험 그리고 기술로 제어하면 간단한 X선 촬영, CT, PET, MRI 등으로 과거에 치유하지 못했던 질병들을 진단하고 치료할 수 있는 수단으로 활용할 수 있다. 비단 의료기술에만 적용되는 것은 아니다. 생명공학에서도 인간에게 유익한 품종을 개량하는 데 활용할 수 있고, 식품을 살균해 국민 건강을 증진하며, 산업체에서 제품 생산 품질보증에 활용되기도 한다. 이 또한 1900년대 초에 핵반응과 원자력 에너지를 연구했던 과학자들이 상상한 것이며 아직도 방사선이 적용될 곳은 상상력이 허락하는 한 무궁무진하다.

과거에는 공상과학 소설이 인간의 상상력을 자극했다면, 현재는 각종 영상매체에서 나오는 영화, 드라마 등이 인간의 상상력을 자극하고 있다. 그리고 그 상상력의 끝에는 항상 인간의 발길이 아직 닿지 않은 공간들에 대한 궁금증이 자리하고 있다. 지구를 벗어나 태양계 그리고 그 너머의 대우주를 탐사하기까지 아직 인간이 모험할 수 있는 곳은 무한하다. 이런 우주를 탐사하는 데 필요한 유일한 동력원이 원자력 에너지다. 일례로 화성탐사에 사용된 NASA의 MARS Rover도 낮에는 태양전지로 기기를 작동하지만, 태양이 없는 밤에는 방사성 동위원소를 사용해 작동하고 있다. 이 방사성 동위원소 전지 개발도 원자력 공학 범주 안에서 이루어진다. 더 나아가서 우주를 탐사하는 장비가 점점 대형화될수록 인간이 우주라는 극한환경에서 유일하게 활용할 수 있는 에너지원은 원자력 에너지밖에 없다. 이런 이유로 미국과 러시아 같은 우주기술 선진국들은 우주선에서 사용할 수 있는 원자로 개발을 진행하고 있다.

원자력발전소는 해양 환경에서 원자력 에너지를 적용하면서 시작되었다고 해도 과언이 아니다. 현재 세계 각국은 해양에서 군사적 목적으로만 원자력 에너지를 사용하고 있지만,

우리나라의 핵융합로 KSTAR(출처: 국가핵융합연구소)

원자력 기술을 보유한 다수의 선진국에서는 민간목적으로 적용시킬 방법에 대해서도 연구하고 있다. 조선·해양 산업에서 세계 일류면서 동시에 원자력 기술에서도 선도적인 입지를 점하고 있는 우리나라에서도 원자력 에너지의 조선·해양산업 적용에 대해서 심각하게 고민하고 있다.

원자력은 인간이 가진 상상력의 극한과 최첨단 과학 및 기술이 만나서 개발된 종합학문 분야다. 원자력 공학은 지금도 인간의 상상력이 확장되는 모든 영역으로 진화하고 있다.

전 세계의 지성 중 하나로 일컫는 마이크로소프트 창립자인 빌 게이츠는 "화석에너지는 온실가스를 생산하기 때문에, 신재생 에너지는 너무 비싸고 기상과 기후 등의 불확정적 요인 때문에 인류의 에너지 해결책으로 보기에는 문제가 있다"고 말했다. 빌 게이츠가 생각하기에 원자력 에너지 기술이 미래에 가장 유망한 에너지 대안임은 분명하나 현재의 기술로는 성공하기 힘들며, 혁신이 필요하다고 생각한 것이다. 이런 관점에서 빌 게이츠는 테라파워라는 벤처회사를 세워서 기존에 정부가 주도하여 원자력 기술을 개발하는 방식을 뒤집어 원자력 기술의 대중화를 이루고 있는지도 모르겠다. 원자력 공학과 산업은 진정한 중흥기를 새로운 형태로 맞이하고 있다.

주

1) 천문학계에서는 명왕성(플루토)을 더 이상 행성으로 정의하지 않고 있다. 명왕성 공전궤도에 명왕성보다 크거나 비슷한 규모의 소행성들이 많기 때문이다.

2) W.K.H. Panofsky, 「Nuclear Proliferation: Capability versus Intent」, FORUMONPHYSICS & SOCIETY of The American Physical Society, January, 2007, Vol. 36, No. 1.

3) 일반적인 물(H_2O)은 경수라고 부르며, 중수는 수소(H)의 동위원소인 중수소(D)와 산소가 결합한 물(D_2O)을 지칭하며 일반 물보다 10% 정도 무겁다.

4) 약 300ppm 정도의 이산화탄소가 공기 중에 있음.

5) 우라늄 1g은 석탄 3t, 석유 9드럼과 동일한 에너지다.

6) 이영일, 〈우리나라 원자력발전 현황과 전망〉, 물리학과첨단기술, 제20권 제6호(2011년 6월), pp.2-8, 1225-2336.

원자력 이야기

| 펴낸날 | 초판 1쇄 2015년 2월 25일 |
| | 초판 3쇄 2019년 4월 20일 |

지은이	이정익
펴낸이	심만수
펴낸곳	(주)살림출판사
출판등록	1989년 11월 1일 제9-210호

주소	경기도 파주시 광인사길 30
전화	031-955-1350　팩스　031-624-1356
홈페이지	http://www.sallimbooks.com
이메일	book@sallimbooks.com

| ISBN | 978-89-522-3088-1　04080 |
| | 978-89-522-0096-9　04080(세트) |

이 도서의 국립중앙도서관 출판시도서목록(CIP)은 서지정보유통지원시스템 홈페이지
(http://seoji.nl.go.kr)와 국가자료공동목록시스템(http://www.nl.go.kr/kolisnet)에서
이용하실 수 있습니다.(CIP제어번호: CIP2015004409)

126 초끈이론 아인슈타인의 꿈을 찾아서 　eBook

박재모(포항공대 물리학과 교수) · 현승준(연세대 물리학과 교수)

빠르게 발전하고 있는 초끈이론을 일반대중이 이해할 수 있도록
쉽게 풀어쓴 책. 중력을 성공적으로 양자화하고 모든 종류의 입자
와 그들 간의 상호작용을 포함하는 모형으로 각광받고 있는 초끈
이론을 설명한다. 초끈이론을 이해하기 위해 필요한 양자역학이
나 일반상대론 등 현대물리학의 제 분야에 대해서도 알기 쉽게 소
개한다.

125 나노 미시세계가 거시세계를 바꾼다 　eBook

이영희(성균관대 물리학과 교수)

박테리아 크기의 1000분의 1에 해당하는 크기인 '나노'가 인간
세계를 어떻게 바꿔 놓을 것인지에 대한 해답을 제시하는 책. 나
노기술이란 무엇이고 나노크기의 재료들은 어떻게 만들어지는가,
나노크기의 재료들을 어떻게 조작해 새로운 기술들을 이끌어내는
가, 조작을 통해 어떤 기술들을 실현하는가를 다양한 예를 통해 소
개한다.

448 파이온에서 힉스 입자까지 　eBook

이강영(경상대 물리교육과 교수)

누구나 한번쯤 '우주는 어디에서 시작됐을까?' '물질의 근본은 어
디일까?'와 같은 의문을 품어본 적은 있을 것이다. 물질과 에너지
의 궁극적 본질에 다가서면 다가설수록 우주의 근원을 이해하는
일도 쉬워진다고 한다. 이 책은 바로 이러한 질문들의 해답을 찾기
위해 애쓰는 물리학자들의 긴 여정을 담고 있다.

035 법의학의 세계 　eBook

이윤성(서울대 법의학과 교수)

최근 드라마나 영화를 통해 일반인의 호기심을 자극하고 있지만
거의 알려지지 않은 법의학을 소개한 책. 법의학의 여러 분야에 대
한 소개, 부검의 필요성과 절차, 사망의 원인과 종류, 사망시각 추
정과 신원확인, 교통사고와 질식사 그리고 익사와 관련된 흥미로
운 사건들을 통해 법의학에 대한 이해를 돕는다.

395 적정기술이란 무엇인가　eBook

김정태(적정기술재단 사무국장)

적정기술은 빈곤과 질병으로부터 싸우고 있는 전 세계의 사람들에게 희망을 안겨주는 따뜻한 기술이다. 이 책에서는 적정기술이 탄생하게 된 배경과 함께 적정기술의 역사, 정의, 개척자들을 소개함으로써 적정기술에 대한기본적인 이해를 돕고 있다. 소외된 90%를 위한기술을 통해 독자들은 세상을 바꾸는 작지만 강한 힘이란 무엇인가에 대해서 알 수 있을 것이다.

022 인체의 신비

이성주(코리아메디케어 대표)

내 자신이었으면서도 여전히 낯설었던 몸에 대한 지식을 문학, 사회학, 예술사, 철학 등을 접목시켜 이야기해 주는 책. 몸과 마음의 신비, 배에서 나는 '꼬르륵' 소리의 비밀, '키스'가 건강에 이로운 이유, 인간은 왜 언제든 '사랑'할 수 있는가에 대한 여러 학설 등 일상에서 일어나는 수수께끼를 명쾌하게 풀어 준다.

036 양자 컴퓨터　eBook

이순칠(한국과학기술원 물리학과 교수)

21세기 인류 문명에서 가장 중요한 요소 중의 하나로 꼽히는 양자 컴퓨터의 과학적 원리와 그 응용의 효과를 소개한 책. 물리학과 전산학 등 다양한 학문적 성과의 총합인 양자 컴퓨터에 대한 이해를 통해 미래사회의 발전상을 가늠하게 해준다. 저자는 어려운 전문용어가 아니라 일반 대중도 이해가 가능하도록 양자학을 쉽게 설명하고 있다.

214 미생물의 세계　eBook

이재열(경북대 생명공학부 교수)

미생물의 종류 및 미생물과 관련하여 우리 생활에서 마주칠 수 있는 여러 현상들에 대해, 알기 쉽게 풀어 설명한다. 책을 읽어나가며 독자들은 미생물들이 나름대로 형성한 그들의 세계가 인간의 그것과 다름이 없음을, 미생물도 결국은 생물이고 우리와 공생하고 있다는 사실을 알 수 있을 것이다.

375 레이첼 카슨과 침묵의 봄 `eBook`

김재호(소프트웨어 연구원)

『침묵의 봄』은 100명의 세계적 석학이 뽑은 '20세기를 움직인 10권의 책' 중 4위를 차지했다. 그 책의 저자인 레이첼 카슨 역시 「타임」이 뽑은 '20세기 중요인물 100명' 중 한 명이다. 과학적 분석력과 인문학적 감수성을 융합하여 20세기 후반 환경운동에 절대적 영향을 준 레이첼 카슨과 『침묵의 봄』에 대한 짧지만 알찬 안내서.

277 사상의학 바로 알기 `eBook`

장동민(하늘땅한의원 원장)

이 책은 사상의학이라는 단어는 알고 있지만 심리테스트 정도의 흥밋거리로 알고 있는 사람들에게 바른 상식을 알려 준다. 또한 한의학이나 사상의학을 전공하고픈 학생들의 공부에 기초적인 도움을 준다. 사상의학의 탄생과 역사에서부터 실생활에서 적용할 수 있는 간단한 사상의학의 방법들을 소개한다.

356 기술의 역사 <small>땐석기에서 유전자 재조합까지</small>

송성수(부산대학교 기초교육원 교수)

우리는 기술을 단순히 사물의 단계에서 생각하기 쉽다. 하지만 기술에는 인간의 삶과 사회의 배경이 녹아들어 있다. 기술의 역사를 통해 우리는 기술과 문화, 기술과 인간의 삶을 연결시켜 생각할 수 있게 될 것이다. 이 책을 읽은 후 주변에 있는 기술을 다시 보게 되면, 그 기술이 뭔가 다른 느낌으로 다가올 것이다.

319 DNA분석과 과학수사 `eBook`

박기원(국립과학수사연구소 연구관)

범죄수사에서 유전자분석에 대한 관심이 커지고 있지만 간단하게 참고할 만한 책은 거의 없는 실정이다. 이 책은 적은 분량이지만 가능한 모든 분야와 최근의 동향을 소개하고 있다. 특히, 내용의 이해를 돕기 위하여 서래마을 영아유기사건이나 대구지하철 참사 신원조회 등 실제 사건의 감정 사례를 소개하는 데도 많은 비중을 두었다.

과학·기술

 표시가 되어있는 도서는 전자책으로 구매가 가능합니다.

(주)살림출판사
www.sallimbooks.com
주소 경기도 파주시 문발동 522-1 | 전화 031-955-1350 | 팩스 031-955-1355